高职汽车检测与维修技术专业立体化教材

U0649412

Qiche Weixiu Fuwu Shiwu

汽车维修服务实务

中国交通教育研究会职业教育分会　组织编写
上海景格科技股份有限公司　技术支持
杨　朝　李洪亮　主　编
张　玲　副主编

人民交通出版社股份有限公司
China Communications Press Co.,Ltd.

内 容 提 要

本书是高职汽车检测与维修技术专业立体化教材之一,主要内容包括:维修服务认识、客户预约沟通、客户接待服务、维修增项处理、修竣车辆交付、客户异议处理和客户关系维护。

本书可作为高等职业院校汽车检测与维修技术、汽车运用与维修技术等专业核心课程教材,也可作为汽车服务人员在职培训及汽车爱好者的自学指导书。

图书在版编目(CIP)数据

汽车维修服务实务 / 杨朝,李洪亮主编.—北京:
人民交通出版社股份有限公司, 2018.7
高职汽车检测与维修技术专业立体化教材
ISBN 978-7-114-14744-9

Ⅰ. ①汽⋯ Ⅱ. ①杨⋯ ②李⋯ Ⅲ. ①汽车—车辆修理—商业服务—高等职业教育—教材 Ⅳ. ①U472.4

中国版本图书馆 CIP 数据核字(2018)第 108510 号

书　　名:汽车维修服务实务
著 作 者:杨　朝　李洪亮
责任编辑:戴慧莉
责任校对:尹　静
责任印制:刘高彤
出版发行:人民交通出版社股份有限公司
地　　址:(100011)北京市朝阳区安定门外外馆斜街 3 号
网　　址:http://www.ccpcl.com.cn
销售电话:(010)59757973
总 经 销:人民交通出版社股份有限公司发行部
经　　销:各地新华书店
印　　刷:北京市密东印刷有限公司
开　　本:787×1092　1/16
印　　张:8.5
字　　数:185 千
版　　次:2018 年 7 月　第 1 版
印　　次:2020 年 8 月　第 2 次印刷
书　　号:ISBN 978-7-114-14744-9
定　　价:22.00 元

(有印刷、装订质量问题的图书由本公司负责调换)

　　《国家中长期教育改革和发展规划纲要(2010—2020 年)》的发布,为中国近十年的教育改革和发展提供了明确的前进方向。围绕《纲要》实施,"适应经济社会发展和科技进步的要求,推进课程改革,加强教材建设,建立健全教材质量监管制度"是职业院校教学改革的重要内容。如何实现教材建设和课程改革相结合,满足学生职业生涯发展和社会经济发展相适应,十分关键。

　　本套教材以中国交通教育研究会职业教育分会汽车运用工程专业委员会制订的汽车检测与维修技术专业人才培养方案和课程标准为依据,以行业典型工作任务为课程内容参照点,以完整任务为单元组织内容,以任务实施为主要学习方式,满足高职汽车检测与维修技术专业培养技能人才的教学需求,具有以下特点:

　　1. 学习任务工作化。以任务驱动为导向,按照典型工作任务、完整过程和工作情境设计教学内容。从岗位需求出发,实现教学内容融合工作任务,通过任务实施巩固学习过程,为学生提供全面的学习和培养。

　　2. 教学内容专业化。在中国交通教育研究会职业教育分会汽车运用工程专业委员会的指导下,组织教育专家设计、行业专家指导、技术专家和院校教学专家团队编写,保证了教学理念的先进性及教材内容的专业性。

　　3. 教材形式立体化。以"高职汽车检测与维修技术专业资源库"为支撑,资源库中含有丰富的动画、视频优秀图书、论文、知识拓展等素材资源,教材中的相关知识点附近配有二维码,扫描可观看动画或视频资源,使课程更加形象化、情景化、动态化、生活化。

　　4. 课程内容全面化。课程全面覆盖各层次学生学习需求,不仅涵盖重要知识内容和关键操作步骤,而且配套资源库中推荐众多优秀图书、论文、知识拓展链接,为各层次学生精选、设计匹配学习方法,丰富学习渠道,满足学生多种场景学习要求。

　　5. 教学形式信息化。课程采用教材与网络资源库同步呈现模式,实现网络云端数据访问,教学素材实时更新,满足各院校信息化教学需求。

　　6. 教学质量可视化。课程不仅设计有全面的考核项目和海量题库,同时配套景格云立方教学管理平台,实现教学全过程信息化管理,有效地把控教学效果。

本套教材是中国交通教育研究会职业教育分会汽车运用工程专业委员会组织,四川交通职业技术学院、广西交通职业技术学院、天津交通职业学院、广东交通职业技术学院、湖北交通职业技术学院、江西交通职业技术学院、陕西交通职业技术学院、北京交通运输职业学院、河南交通职业技术学院(院校排名不分先后)及上海景格科技股份有限公司深度合作,在行业专家、教学专家的指导下共同开发的"汽车类专业教学资源库"配套教材。希望通过本套教材的使用,使学生能够学到扎实的基础知识、练就娴熟的专业技能、掌握实践操作经验,让学生决胜于职场,创造出一个美好的未来。

《汽车维修服务实务》是本套教材中的一本,与传统同类教材相比,本教材打破传统教学的章节体例,充分体现了工学结合、理实一体化的教学标准,采用任务驱动式教学方法进行编写,以4S店售后服务顾问岗位所需知识为内容,以汽车售后维修服务流程为主线,设计了维修服务认识、客户预约沟通、客户接待服务、维修增项处理、修竣车辆交付、客户异议处理、客户关系维护7个项目。本书力求从汽车维修服务接待的角度对汽车维修接待岗位展开论述和说明,将汽车服务和营销的理论与维修服务接待的流程及技巧进行有机的结合,通过系统化的知识体系给从事汽车维修接待服务的读者以知识和技能提高的支持;详细介绍和分析了汽车维修接待人员在服务过程中必须掌握的服务流程和各种沟通技巧;借鉴国际上最新的销售理念,针对目前国内汽车售后市场的实际状况,提出了一些有效的应对策略。本教材内容贴合实际,实战性和操作性很强,可以实现读者零距离学习汽车维修接待服务技能。

本书的编写分工为:湖北交通职业技术学院的杨朝编写了项目一、项目二,湖北交通职业技术学院的邬玉琴编写了项目三,湖北交通职业技术学院的张玲编写了项目四、项目五,湖北交通职业技术学院的李洪亮编写了项目六,湖北交通职业技术学院的李洪亮编写了项目七。全书由杨朝、李洪亮担任主编,由张玲担任副主编。

在本书的编写过程中,编者参阅了大量国内外文献,引述文献已尽量予以标注,但难免存在疏漏,在此对各文献作者一并致谢!

由于编者水平有限,加上时间仓促,书中疏漏与不妥之处在所难免,敬请有关专家和读者批评指正。

编委会

2018 年 1 月

目 录

项目一　维修服务认识

任务概述

随着社会经济的发展,汽车市场快速发展,汽车走进了寻常百姓家。巨大的汽车保有量以及迅速增长的汽车销售市场,形成了一个与之配套的汽车售后市场。

通过调查发现,在汽车企业的盈利中,新车销售收入比例不断降低,原本通过汽车销售保持利润的汽车企业都开始寻求其他途径来保持盈利,而在其他途径中,售后服务的收入比例却在增长,因此,几乎所有汽车品牌厂商都无一例外地开始重视售后服务的品质。

目前,汽车售后服务是汽车企业最重要的利润环节,该环节除了要提供高品质的车辆维护及维修质量以外,最关键的就是对客户的服务。在这样的情况下,汽车服务性人才的需求日益增长,特别是作为连接客户和企业的服务顾问,其作用就显得至关重要了,汽车企业对服务顾问的要求也不断提高。

服务顾问究竟是一个什么样的角色,在经销店里起着什么样的作用,服务顾问基本工作职责是什么,服务顾问应该树立什么样的服务意识,服务顾问是如何工作的,其工作流程是怎样的,作为服务顾问应该掌握哪些必备知识等。这些基本问题都是必须解决的问题,本项目将主要引导学生逐步解决这些问题。

学习任务

1. 维修服务认识
2. 维修服务营销

学习任务 1 维修服务认识

任务描述

李想刚毕业就进入一家4S店实习,人事部将李想派到了公司的售后部,让他熟悉和了解服务顾问这个岗位。

通过两天的观察,李想发现服务顾问是围绕客户接待展开工作的。李想为了更好、更快地胜任这个岗位,他要知道售后部的工作流程、服务顾问要做些什么工作,工作的要求是什么,怎么才能做好这个工作。让我们和李想一起来熟悉售后服务部的主要工作与服务流程吧。

学习目标

(1)能描述服务、汽车售后服务的意义和主要内容。

(2)能描述服务顾问的角色内涵。

(3)能描述服务顾问的工作要求。

(4)能分析客户的类型和需求。

(5)能运用有关客户服务的知识和技能。

建议学时:6 学时。

知识准备

一、汽车维修服务的内涵及特征

作为汽车售后维修服务顾问,应该搞清楚什么是服务,什么是汽车售后维修服务,不仅有助于加深对服务的理解,而且能够用来指导如何更好地为客户开展服务。

1. 服务

服务是一种可以用来交易、客户能够感受、但却无法交到客户手中的一种产品,多年来对于服务有很多种定义,得到多数人认同的一种定义是:服务是一方向另一方提供某种经济活动,通常是通过某种限时的表演过程,给接受者、物体或买方所负责的其他对象带来所需要的结果。客户可以从员工的劳动专业技能,或企业的设备、网络、系统、器材中获得价值,但是并不拥有对任何实体要素的所有权。

服务是通过行动或表演使客户获得某种感受的产品,因此,与通常意义上的实体产品有很大的差异。

2. 汽车售后维修服务的内涵及特征

汽车和其他产品相比有很大差别。自汽车诞生的那一天起,汽车服务作为他的孪生兄弟也同时诞生:哥哥——独具魅力的大汽车产品,包括设计、制造和营销等一系列活动,带有强烈的实体产品特征;弟弟——为保证汽车能够持续行驶所必需的服务、修理、维护、支持以及由于汽车而衍生出来的一切服务。汽车销售与汽车售后的服务销售既存在一致性——我们无法单独来考虑售前或售后,而是要进行整体的服务提供;又存在很大的差异性——售前强调产品本身的品质,而售后则强调服务过程的连贯性及客户对服务的感知。

服务产品与实体产品差异性比较

与大多数服务和实体产品不同,汽车产品的消费既有服务消费的特征,也具有实体产品的消费特征。它们之间的主要差异见表1-1。

汽车售后服务与汽车销售的差异性比较　　　　　　　　　表 1-1

序号	差异性比较	汽车售后维修服务	汽 车 销 售
1	生产与消费关联度不一样	汽车售后服务基本上和消费同时进行的。例如汽车维修的过程就是客户消费的过程,客户可以观察甚至参加到生产服务当中	汽车可以先生产、再销售,例如一辆汽车可以在北京生产,运送到上海,几个月后再卖掉,并在以后的几年内消费
2	标准化程度不一样	售后服务的质量与人有很大关系,不同的客户有不同的服务要求。而服务提供者由于情绪波动等原因也很难做到自始至终的一致服务	可以进行标准化的生产作业,产品质量可以得到有效控制
3	储存性有差异	在售后服务过程中,维修的工作不可储存,维修的工时不可储存,一旦服务,则无法再退回或重新出售。例如,维修服务企业闲时,工位和技工闲置,而忙时也不可能将原来闲置的工时再行追回	汽车可以储存、转售和退回
4	对时间的要求不一样	对于汽车维修服务,由于客户直接参与生产过程,客户对时间的承诺更为在意	作为汽车产品,很多情况下客户是可以等待的
5	客户关注点不一样	对于汽车售后服务而言,客户十分在意汽车维修服务的整个过程,维修技术好、服务全面周到、态度端正热情,都是客户考虑服务价值的主导因素	对于汽车销售而言,客户选择车型的原因主要是汽车本身的性能,服务的好坏并不是客户购车的主要原因

二、汽车售后维修服务顾问在企业中的作用

1. 汽车售后维修服务顾问的内涵

汽车售后维修服务顾问有狭义和广义之分。狭义的汽车售后维修服务顾问是指从事汽车美容、汽车修理、汽车维护以及汽车改装四大汽车服务项目,专业为客户提供上述四大服务内容的服务人员。广义的汽车售后维修服务顾问,是以汽车后市场18项服务内容展开,每一项内容都会形成服务概念,比如汽车保险、汽车旅游、汽车运动、汽车租赁等,都有这样或者那样的汽车服务顾问。不过,大部分人说起汽车售后维修服务顾问,一般是指前者,即

狭义概念所指。

2.服务顾问在企业中的作用

汽车服务顾问的接待过程比较灵活,要了解客户需求,及时洞察客户心理;要知道客户需要什么,希望你能为他做什么;要认识自己在整个维修过程起到什么作用。一般4S店都要求服务顾问能灵活接待,对客户要有亲和力,能够取得客户信任。因此,服务顾问扮演很重要的角色,对企业具有非常特殊的意义。

(1)服务顾问起到桥梁、纽带、润滑剂的作用。

汽车维修企业与修车客户之间的沟通,主要通过汽车维修服务顾问来实现。维修服务顾问在维修工作中担任双重角色。对于汽车维修企业而言,维修服务顾问代表客户,运用维修企业的资源按照客户需求完成车辆的维修任务;对客户而言,维修服务顾问的服务水平代表专营店的服务品质。

(2)服务顾问起到维护并提高客户对企业忠诚度的作用。

汽车维修服务顾问是客户在维修企业遇到的第一人,汽车维修服务顾问代表企业的形象。汽车维修服务顾问应为客户提供满意的服务,以取得客户对维修企业的信赖,乃至对品牌的信赖,从而成为本品牌的忠实客户。忠实的客户将形成良好的口碑传播,不仅能保持现有的客户群,而且还可以增加新客户。

(3)服务顾问的服务水平是影响企业获利的重要因素。

汽车维修服务的服务水平,是企业技术、服务、管理水平的集中体现。汽车维修企业应为客户提供舒适的服务,并且以具有竞争力的价格,第一次就迅速做好维修,以提高客户的满意度和汽车维修服务的竞争力,增加企业的维修利润。

(4)服务顾问能给公司带来许多业务机会。

服务顾问可以为企业带来新的服务机会,如新车的再销售、保险业务的销售、精品的销售、二手车业务、代理服务业务等。

三、汽车售后维修服务顾问工作职责

不同类型汽车企业的组织架构与岗位设置都有所区别,这里主要学习最主流的汽车商售后服务部的组织架构。汽车经销商(俗称4S店)是集整车销售(Sale)、售后服务(Service)、配件(Sparepart)、信息反馈(Survey)一体的专门经营某一种品牌的汽车销售服务店。

目前,大多数汽车经销商售后服务部的组织架构如图1-1所示。

有些汽车品牌,如上海大众和一汽大众会设置服务总监的岗位,其职责对应于图1-1中的服务经理,服务经理的职责对应于图1-1中的前台主管。随着各汽车厂家对维护客户关系及提高客户满意度的要求逐渐提升,客户关系部门也作为独立的部门直接向总经理汇报工作,但也有些汽车品牌的客服部门是设置在售后服务部内的,由客服经理向服务经理汇报工作。

各汽车品牌的汽车售后维修服务顾问工作内容大体相同。其工作内容如下。

(1)向前台主管汇报工作。

(2)负责按规范服务,及时、热情地接送客户,尽力完成公司下达的任务指标。

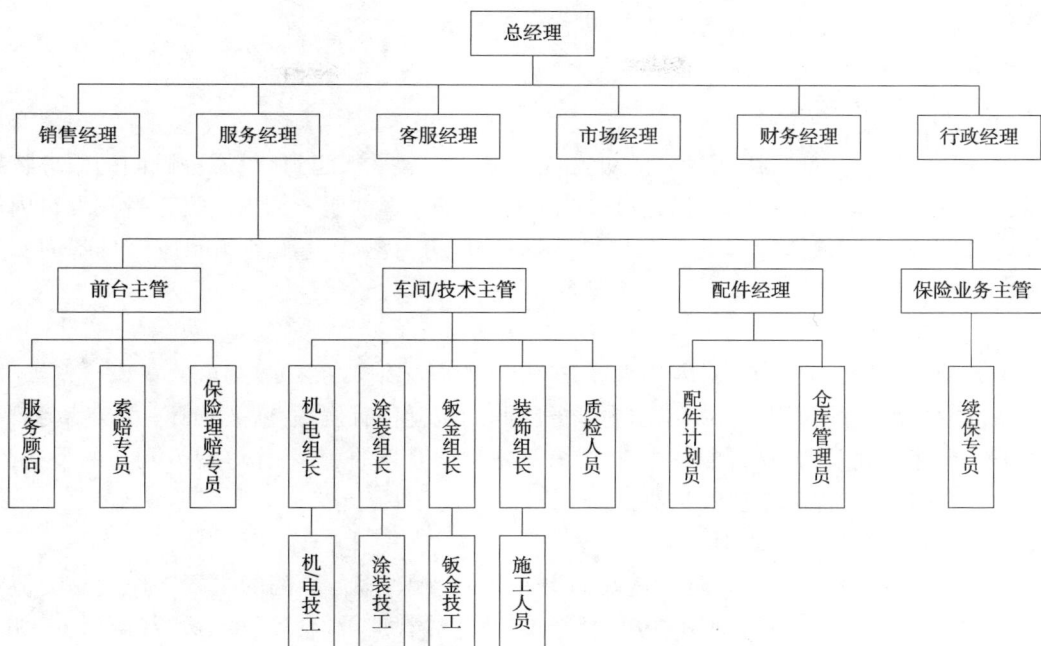

图 1-1　汽车售后服务部岗位工作职责

（3）负责按规范服务流程,准确判断并详细记录维修车辆的相关信息、车主信息、车辆维修的历史相关信息及其他要求的相关手续。

（4）耐心解答客户疑问,保证兑现对客户的承诺,若有问题及时向上级领导反映,取得支持和帮助。

（5）负责及时与客户沟通,对车辆维修过程进行跟踪,车辆维修过程中出现的新状况及时与客户确认。

（6）负责按规范流程进行索购相关事务的处理,负责与保险公司对肇事车辆的维修确认。

（7）负责本岗位区域内卫生及设施的完好。

（8）不断提高专业技术水平和强化服务意识,改进工作。

（9）负责公司各项制度在本部门的宣导及信息的传递。

（10）及时处理一般客户投诉。

（11）完成上级领导授权和交办的其他工作任务。

四、服务顾问应有的基本素质

维修服务顾问工作
内容及职责

愉悦交往、完美表达、美好人性的展现及高水平专业能力的显示,是服务顾问应该具备的基础素质。每一个企业都应重视服务顾问素质的培养。

1.基本礼仪

服务顾问在规范标准着装及仪容仪表的前提下,同时需要掌握待人接物的基本礼仪,让客户享受服务。服务顾问的微笑服务、站姿、坐姿、走姿、蹲姿、引领及接物、迎接与欢送,都

必须符合职业规范,给客户以美的享受,如图1-2所示。

2.具备的意识

(1)服务意识。

服务顾问是服务型岗位,服务对象大部分是拥有车辆的人群,所以服务顾问的服务特别重要,一句贴心的问候、一杯淡淡的清茶是服务客户最基本的服务要求。真正做到发自内心地喜爱自己的工作、热情地服务于客户、想尽办法服务好客户是服务顾问应该具备的服务精神。

(2)真诚互惠意识。

服务顾问对外代表企业,对内代表客户利益,所以必须具备真诚互惠的意识,这样才能在本岗位发挥巨大的作用。如果工作中服务顾问的位置稍有偏颇,就会损坏一方的利益,不是损失了企业的利益,就是得罪了客户,唯有具备真诚互惠的意识,作好双方利益的平衡,才能维护好客户关系,保障企业的利益。

(3)沟通交往意识。

一个合格的服务顾问必须具备良好的沟通交往意识,服务顾问的主要工作就是交流和沟通,如图1-3所示。要不断地和客户、维修技师、配件管理员、仓库管理员,甚至门卫、保洁员沟通,这种多角度、多层次的沟通只有能力是不够的,还必须要有沟通的意识。日常工作中,因为沟通不畅造成的内部矛盾、客户抱怨的例子不胜枚举。

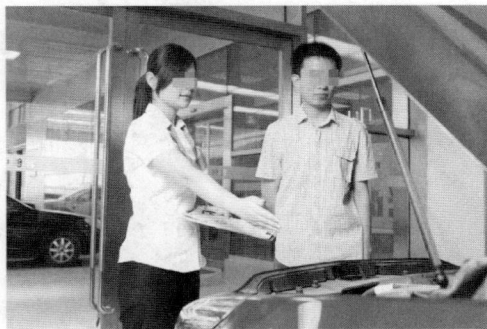

图1-2　基本礼仪　　　　　　　　　　　图1-3　与客户沟通

(4)应变与创新意识。

服务顾问每天要面对各种各样的问题,甚至是冲突,涉及价格、交车、配件质量、结算时间等。这时,服务顾问的应变与创新能力就特别关键。客户的满意除了企业满足对方的实际需求以外还要看面对复杂问题时的处理方案,所以面对各种局面适时应变,创造性地开拓思路和解决问题是服务顾问必须具有的意识。

(5)良好的心理素质。

接待工作相当繁杂,在心态上也须进行相应的调整。客户性格千差万别,在处理投诉时,有些客户的要求、态度或行为可能会对售后服务部的现行运作造成影响,所以服务顾问要及时调整心态,不能被影响,要有面对挑战才是自我成长机会的认知。服务顾问应该懂得缓解自身的压力,寻找正面宣泄的通道,避免将压力直接转移到客户身上,影响与客户的友好关系。服务顾问在人际关系上必须多面培养,在做好与公司内部员工良性沟通的同时,还应推动客户满意度的提升。

(6)塑造形象意识。

服务顾问是企业形象的第一责任人,承担着塑造自身形象和企业形象的双重任务,所以应时刻注意自己的身份并牢记塑造企业形象的责任,这也是服务人员必须具备的基本素质。

3. 具备的知识

服务顾问必须具备以下知识,并能够将这些知识熟练地应用到接待服务中去,才能更有效、更专业地服务于客户。

(1)标准的流程知识。

对服务流程以及公司运作有足够的了解,才能在实际的工作中加以应用并严格执行。

(2)汽车专业知识。

(3)本品牌汽车的产品知识。

熟悉本品牌汽车产品的维修知识,包括体系内各车型的商品常识、特性等,这样才能应对客户的问题,获得客户的信任。

(4)配件知识。

熟悉常用配件使用和替代、编码知识,并能够及时准确地更新。

(5)竞争者信息。

掌握竞争汽车厂商的相关商品、特性及活动等,并与体系内产品作优劣比较。所谓知己知彼、百战百胜,在了解竞争产品的相关情报后,接待客户时就更有说服力。

(6)其他相关知识。

服务顾问也要利用业余时间学习与汽车相关的知识,如汽车专业英语等,掌握汽车检修相关的汽车专业英语知识为今后的发展做准备。

4. 具备的工作技能

(1)故障诊断能力。

能够迅速、准确地对汽车故障做出初步判断,为后续的工作节省时间。

(2)基本维修技能。

熟悉车辆维修的完整工艺流程,并能根据对工艺流程的掌握准确合理安排时间和人员等资源,以提升维修效率。初步了解机电检修及钣喷知识,以便在工作中能给客户提出专业性的建议。

(3)报价能力。

熟练掌握报价系统,熟知工时费标准以及常用备件的价格等业务知识,能熟练应用到工作中,并有效地服务客户。

(4)计算机操作。

熟练操作计算机,运用各种相关接待、维修、管理软件进行工作。

操作指引

1.组织方式

(1)将6~8名学生分为一组,每组推选一位组长、一位副组长。

(2)以组为单位,组长带领组员认真讨论,并对讨论结果进行总结。

(3)每个组派一名代表上台汇报和交流,指导老师进行点评。

2.操作要求

(1)指导老师应该严格限制讨论时间。

(2)组长和副组长应分工负责,完成本次讨论及总结任务。

(3)讨论可以不拘泥于书本,引导学生发散思维,多联系实际。

任务实施

(1)请各小组围绕以下话题进行讨论,讨论后派代表上台进行总结性发言。

①如何正确认识服务产品和实体产品的异同?如何正确认识汽车维修服务?

②怎么看待汽车服务顾问的在4S店扮演的角色以及发挥的作用?

③你认为服务顾问应该承担哪些工作职责?作为服务顾问,职业素养方面应如何要求?

④作为一名在校大学生,应该如何有意识地去锻炼自己,才能胜任汽车售后维修服务顾问的工作?

(2)指导老师对各个小组任务完成情况进行总结,建议按表1-2进行量化和评价。

评 价 表　　　　　　　　　　表1-2

综合评价		自我评价	小组互评	教师评价	第三方评价
素质考评 30分	学习态度6分				
	遵守纪律6分				
	安全操作6分				
	协调配合6分				
	出勤情况6分				
技能考评 70分	工具使用10分				
	任务方案10分				
	实施过程40分				
	完成结果10分				
(总分100分) 本次得分					
最终得分			评价等级		

任务小结

汽车维修服务是一种服务产品，与实体产品有着本质的不同。服务产品是一种无形产品，很难标准化生产，而且客户对服务产品的要求会随着客户认知水平的提高而提高，因此，从事汽车维修服务类的工作面临很多挑战。作为服务顾问，要努力提高自身素质，了解客户心理，掌握服务技巧，不断提高服务水平。

学习任务 2 维修服务营销

任务描述

客户刘女士驾驶 2016 款宝来到达某一汽大众 4S 店为爱车做维护。刘女士是某机关一名领导，说话盛气凌人，服务顾问李想负责接待，在环车检查过程中，发现车身刮擦严重，后保险杠刮痕较多。在与其聊天过程中，得知该车没有安装发动机防护板，当时买车为了省钱也没有加装导航。李想该如何与刘女士进行有效沟通呢？

学习目标

(1)能够根据客户表现准确判断客户类型。
(2)能运用接待技巧接待不同类型的客户。
(3)能够描述汽车售后服务接待流程。
建议学时:6 学时。

知识准备

一、服务营销七要素

在现代社会，服务是无处不在的，有市场的存在就需要有营销。服务营销的方式也与实体产品有很大的不同，我们可以通过下面的七个要素(图 1-4)来认识服务营销。

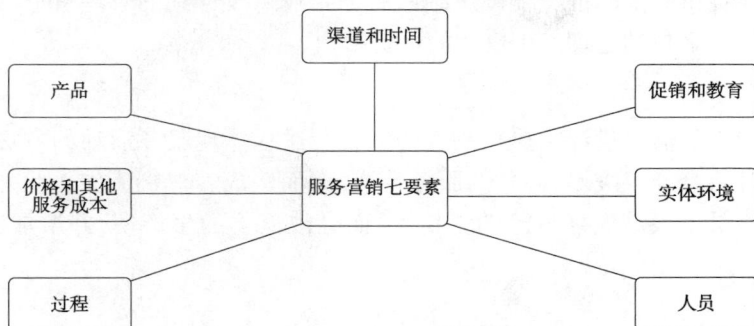

图 1-4 服务营销七要素

1.产品

企业要基于客户期望的利益和当地竞争者的状态来选择核心产品(商品或服务),以及相对应的辅助服务。

2.渠道和时间

将产品传递给客户涉及传递渠道、时间以及采用的方式等。根据维修服务的特征,服务传递包括实体传递渠道和电子传递渠道。企业通过实体传递渠道保证客服的车辆处于良好的运营状态;同时也需要通过网络等电子传递渠道传递客户所需的信息服务。所以服务的传递速度和便利性就成为服务产品传递过程中的重要因素。

3.促销和教育

如果没有有效的服务沟通,任何营销计划都不会成功,服务产品同样如此。促销扮演着至关重要的角色:

(1)为客户提供必需的信息和建议;

(2)说服目标客户相信特定产品的优点和性能;

(3)鼓励客户在特定的时间采取购买行动。

由于汽车具有较高的技术含量,使得许多的沟通具有教育的特征。特别是对于不太懂汽车的客户而言,这种教育更为显著。服务人员需要向新客户讲授有关服务利益的知识,告诉他们在什么时间、什么地点得到服务,提供如何参与服务的指南等。

沟通可以由服务人员来进行,也可以通过媒介(电视、广播、报纸、杂志、招贴画、小册子、网页)进行。促销活动也可以影响客户的品牌选择,企业可以采用价格刺激的手段来吸引客户进行购买。

4.价格和其他服务成本

这一部分主要强调对客户获得服务产品利益的过程中所花费的成本进行管理。企业不仅需要设定营销价格和规定交易的信用条件,而且需要努力做到使客户在购买和使用服务过程中花费的其他成本最小。这些成本包括空间距离、难易程度、便利性、时间、精力等。

5.实体环境

建筑物、景观、交通工具、内部装饰、设备、员工、标识符号、印刷资料和其他可视资料都为企业服务质量提供有形的证据。汽车维修服务企业需要仔细的管理有形的证据,因为这些有形证据能够对客户的心理产生巨大的重要影响。

6.过程

创造和传递产品需要设计和执行高效的过程。过程体现服务活动的方法和行动顺序,糟糕的过程设计将会导致缓慢、僵化的服务传递,因而造成客户端流失。此外,糟糕的过程设计也会使一线员工很难做好自己的工作,从而导致低下的生产率,并增加服务失败的可能性。

7.人员

汽车维修服务很大程度上依赖于服务顾问和客户之间的直接互动。这种互动特征影响客户对服务质量的感知,也就是说服务质量与客户和一线员工之间的接触紧密相关。因此,成功的服务企业往往把主要精力放在招聘、培训和激励一线员工方面。

二、客户性格与服务

服务的核心在于人心,虽然每一位客户都希望得到服务,但期望的服务方式却并不相同。来修车的客户多数不会有好心情,大多数都会有诸如抱怨、后悔、气愤等负面情绪。这时如果服务人员不能很好地理解客户的心情,就可能因为细微的工作失误,导致与客户产生冲突。

很多情况下,企业往往要求服务人员忍耐,但更积极的做法是了解客户的交际风格,针对不同个性的客户采取针对性的服务方式,减少与客户可能发生的冲突,取得客户的认同和好感,从而达到优质的服务目的。

人的交际风格是一个十分复杂的心理现象,是由学习、认识、情绪、角色以及动机等多项因素综合形成的。它既包括表现于外在的、给人印象的特点,又包括内在的、可以间接得到验证的特点。这些不同于他人的个性特点,给人的行为以一定倾向性,它表达了由表及里的包括身心在内的真实个人。

1. 交际风格的类型

不同消费者由于个性需求的不同,表现出的对他人控制力和对自己控制力上的强弱水平也不同。

通常我们把控制他人的力量称之为支配力,这是指一个人希望运用权威的力量,来控制或支配别人,但并不是说此人目前的职务具有这样的权力,而是一种由其精神或人性的本质衍生形成的,并且自然地向他人展现的人格力量。

我们把自我控制的力量称为自制力,这体现了人对自己的要求,或是自我约束的力量或程度。

正是在不同强弱的自制力和控制力的追求下,形成了不同个性的消费者在购买行为中的不同行为和语言特点。

交际风格的不同表现在自控力和支配力强弱的不同。自控力反映人自我约束的能力,指人对情绪控制的强弱。

自控力弱的人情绪化,喜欢以沟通为导向,以非正式的方式解决问题;自控力强的人理性,喜欢以实现交易为目的的正式方式会谈。

支配力反映他人的影响能力,支配力强的人喜欢告知,自以为是,决策快;支配力弱的人倾向于询问,不轻易发表意见,决策慢。

2. 不同交际风格类型的辨别

针对不同交际风格的客户要采取不同的服务策略,这能大幅提高客户对服务的满意程度,交际风格一般分为四种类型(表1-3),通过观察到的行为和语言特征,服务人员可以更快、更简便地判断客户交际风格类型。

与不同类型客户
打交道的技巧

不同交际风格类型特点   表1-3

交际风格类型	交际风格分析	
权威型(红色,一象限)	特征	自我约束力强,高度自信,果断负责;目的性强,注重效率与结果,不太重视人际关系;对工作高度专注,喜欢告知别人如何去做,很少关注别人的感受;有冒险精神和强烈的领导欲望,权力崇拜者
	弱点	没有耐心,很难沟通;缺乏人情味;顽固易独断
	基本需求	权力、成就
	沟通要领	坦白;正式;准时,准备工作充足;直接讨论目标,提供资料,让对方做决定,避免直接对立,注意会谈的时限和方式
	表象	快速有力,重点强调,工作负责
分析型(蓝色,二象限)	特征	爱提问,注重事实和资料;讲求秩序,有敏锐的观察力;遇事慎重,关注工作细节;忽略说服技巧,完美主义者;一般不愿与别人分享信息,接受新事物能力较差,销售时间较长
	弱点	封闭,寡言少语,不易接近
	基本需求	秩序、安全
	沟通要领	可靠;列出详细的资料与分析;公事公办,不要谈太多闲话;有计划步骤、语言准确、注意细节
	表象	语速慢,动作少,工作是谈话重点
合作型(绿色,三象限)	特征	随意,合群,有耐心;待人客气,喜欢聊天,容易沟通;关注融洽的合作关系
	弱点	无时间观念,原则性差;反复不定,优柔寡断,不愿承担风险
	基本需求	合作、安全
	沟通要领	容纳;经常性沟通,注重私人关系的培养;以安全为主要目标,提供特定的方案和最低的风险;理解其对时间的拖延,不诋毁竞争对手;以轻松的方式谈生意,提供帮助,带领其大致目标
	表象	表情温和、寻求接纳,放松,身体活动慢和圆滑,谈话重点是人的沟通
表现型(黄色,四象限)	特征	交际风格外向乐观,注重人际关系,情绪化;精力充沛,具有冒险精神;幽默合群,容易沟通,善言词;关注过程表现,冒险主义者
	弱点	逻辑性差,没有时间观念;随意性大,易冲动,情绪化,因此经常后悔;反复无常
	基本需求	认同、成就
	沟通要领	投其所好,争取好感,先附和,再切入;注意互动,交换意见;经常联络并邀请其参加活动;多谈目标 少谈细节;培养私人感情
	表象	表情丰富,衣着随意,身体活动多变,谈话重点是人的沟通和感觉

三、汽车售后维修服务流程

1. 流程的定义

所谓流程,就是做事情的顺序,是指为完成某一目标和任务而进行的一系列有序活动的集合。当企业发展到一定阶段,随着处理事务的增加,部门、岗位自然增加;原先一件简单的由一个人或某几个人就可以完成的事情，变成了需要跨部门、跨岗位来共同完成，所以就需要把这些处理事情的步骤、注意事项等，用文档的形式展现出来。为了使表达更直观、更容易，于是使用了图形、文字、表格（或表单）来描述，这就是我们常常见到的流程。

服务流程就是企业为客户提供服务方式。它描述了服务体系发挥作用的方法和次序，以及这些过程如何联系在一起为客户提供服务体验和产出。好的服务流程能够提高效率和服务质量，而不好的服务流程不仅影响服务顾问的工作效率，还可能导致客户不满意。

2. 售后服务流程作用

汽车售后服务流程是汽车服务企业售后服务工作的核心流程，通过服务流程，售后服务的各个岗位就可以有机地结合在一起。起到的作用主要表现在以下四个方面：

（1）明确服务人员的分工。

（2）通过电话预约、跟踪回访、处理好客户抱怨等问题，加强与客户的联系。

（3）服务过程程序化、服务行为规范化、服务结果标准化，提升品牌形象。

（4）提高内部工作效率。

3. 汽车售后服务流程

从消费者角度出发，在人们日常生活中无论从价格、技术含量，还是安全而言，汽车都是高端的消费品之一，而且还需定时维护或修理，过程重要且复杂，所以客户对于售后服务有很高的要求也就可以理解了。

从经销商管理角度出发，售后服务不同于生产制造，服务是无形的生产线，往往不易复制。所以形成标准化的服务流程来进行有效率的服务性生产，对售后服务工作有着重要的意义。汽车售后服务是高度接触客户的工作，客户参与了服务的递送过程，因此，对于售后服务核心流程的设计，要充分考虑客户的反应和动机。

标准的售后服务流程不仅是品牌厂商售后服务工作标准化的重要体现，而且更明确了服务作业的程序，涵盖了规划、组织、实路、指挥和控制等资源转化的过程。其中各项作业或活动按照一定的顺序进行，服务便是依据这种线形的顺序而产生的。只有这种标准化的服务流程，才能满足汽车售后服务大量的、持续性的需求，服务客户和服务过程的质量控制能否最大化发挥售后服务是核心流程效能的关键要素。

一汽大众售后服务流程共分七步，如图1-5所示。

图1-5　一汽大众售后服务流程

不同品牌售后
服务流程

操作指引

1. 组织方式

(1)以本单元"客户性格与服务"内容为参考,演练如何有效应对不同类型客户。

(2)将6~8名学生分为一组,每组推选一位组长、一位副组长。

(3)以组为单位,每组指定2名学生,一名扮演客户,另一名扮演服务顾问,组长带领组员认真设计演练剧本及台词。

(4)演练完成后,先由组内其他同学提出看法及建议,再由其他组观摩的同学提出看法及建议,最后由老师总结评价。

2. 操作要求

(1)指导老师应该严格限制讨论时间。

(2)组长和副组长应分工负责,完成本次演练任务。

(3)严禁小组内部2名上台表演的同学配合过度。

任务实施

(1)根据本组内部设计,模拟服务顾问如何应对不同类型的客户,要求处理过程中能够有效地分析客户心理,运用正确的方法使客户达到满意。二人为一组,任务考核工单见表1-4。

任务考核工单　　　　　　　　　　　　　　　　表1-4

任务编号:	任务名称:客户性格及服务			成绩	
				学时	
姓名		学号	班级	组别	
设备、工具准备	展示车辆、接待台、茶饮等				
考核指标	任务标准			完成情况	
				完成	有待改善
	礼仪规范				
	服饰整洁、精神饱满				
	微笑、自然、语气亲切				
	主动、迅速、仪态稳重				
	用语礼貌、语速适中				
	沟通技巧				
	耐心倾听				
	提问及接待时机准确				
	有书面记录,且总结归纳客户提问				
	自我介绍				

续上表

考核指标	任务标准			完成情况	
				完成	有待改善
	工作流程				
	礼貌接待客户				
	确认客户疑问				
	有效答疑客户				
考核结果	礼仪规范	5	4	3	2	1
	沟通技术	5	4	3	2	1
	工作流程	5	4	3	2	1

（2）任务下达时，要求学生能正确分析客户需求信息，讨论并制订出合理的处理方案。

（3）任务实施时，指导老师应指导学生学会收集必要的信息来帮助任务的完成，必要时给予理论知识的讲解。

（4）模拟训练时，应注意强调热情、准确、高效地完成任务，正确完成处理流程。

（5）观摩的同学应讨论模拟过程中不符合要求的地方，提出改善意见。

任务小结

待人有法，但无定法。作为服务顾问，在日常工作中，应不断总结与不同类型客户打交道的技巧，针对不同交际风格的客户要采取不同的服务策略，不断提高客户的满意度。

项目二　客户预约沟通

　　预约客户是指通过电话或网络等渠道进行服务预约的客户。服务人员要利用每一次与客户沟通的机会，以专业、热情、耐心的态度应对处理，从而实现客户服务成功的第一步。

　　客户在车辆进店维修之前，有时会先打个电话，初步了解一些情况，如维护咨询、配件查询、价格了解、时间了解等。服务人员通过电话的直接沟通，从而影响客户是否如期入场。

　　各汽车品牌厂家对接受预约的人员要求各有不同，有的是服务顾问接受预约，有的是客户服务部接受预约，还有的在客户服务部设立专职的预约专员进行预约服务。因此，不管是服务顾问、客服人员还是预约专员，作为服务人员处理客户预约电话是相当重要的。若做得好，客户会按期入场，增加服务成功的可能性；若预约处理不当，出现业务不熟、流程混乱、解说不清、态度冷淡等情况，客户就可能选择其他服务店进行维修。对于客户来说，预约能满足他的期望，他才会配合做提前预约这个动作。

　　服务顾问要熟练掌握客户预约话术，熟悉预约流程，运用相关技巧做好预约工作，确保一定的有效预约率。预约率是现代服务业的考核服务顾问能力的一项重要指标，企业通过一定的预约率来保证生产的有序安排和资源的合理利用，同时也大幅减少了客户的等待时间。

学习任务

1. 维修预约概述
2. 预约的标准和流程
3. 维修预约服务的实施

学习任务1 维修预约概述

任务描述

新购车的张女士对于车辆的维修服务很重视,她向服务顾问李想咨询相关事宜,希望李想为其解答她的新车日后如何到店维修的问题。李想告诉张女士到店维修最好先预约,张女士进而产生为何需要预约的疑惑,并且担心预约不方便。李想要如何解答张女士的疑问并打消张女士的顾虑呢?

学习目标

(1)能描述预约的重要作用及意义。

(2)能够区分不同预约的类型。

(3)能选择最适合的预约方式。

建议学时:4学时。

知识准备

一、预约服务的概念

预约服务是指汽车维修企业受理客户提出的维修预约请求,以及客户说明自己的服务需求及期望接受服务的时间;或汽车维修服务企业通过客户管理卡和计算机中存储的客户档案,向客户提供定期维护提醒及预约等服务。

二、开展预约服务的意义

服务顾问预约活动的开展,依赖于企业和客户双方的互信关系。要想了解为什么进行预约作业,就要从企业和客户的两个角度来看待预约。

1. 预约作业环节客户的期望

客户在维修服务过程中所承担的成本有货币、时间、行为和心理等,客户总是在设法降低自己的成本。因此,在维修的过程中客户更希望服务企业能够提供方便、快捷和准确的服务。就预约而言,客户期望得到的好处是:

(1)能够避免维修高峰期和漫长等待,缩短客户等待时间,避免出现服务瓶颈。

(2)能够提前告知故障,避免零部件不足而延误维修,缩短维修的时间。

(3)服务企业能够在配件、工具、技术人员等方面提前准备,从而可以保障维修服务质量,提高工作效率。

(4)希望获得服务企业针对预约提供的优惠折扣。

2.预约作业环节企业的期望

企业总是在关注收益率的前提下考虑开展预约活动。对于维修服务企业而言,单纯地考虑设备及人工的利用率并不能准确反映企业的盈利能力。收益率即为每单位的服务生产能力所获得的平均收入。这样做的目标是使收益率达到最大化,从而提高公司的盈利。通过对收益率的分析,可以发现预约作业企业期望的好处是:

(1)通过客户预约,实现"削峰填谷",提高工作利用率及服务产能。

(2)提高工作效率和设备利用率。如果汽车维修服务企业能够做到日常工作以预约为主,就可以做到每日的工位、维修技术、配件等工作要素提前准备妥当,只需保留个别工位和少量人员机动,以应对很少量的随到客户,使接待和维修工作井然有序,这样才能更合理地调配、使用人力设备等资源。

(3)减少备件库存。通过有计划地维修安排,合理地准备维修备件,在保证工作需要的前提下,减少备件的库存。

(4)通过预约活动的开展,达到降低维修生产成本,提高企业服务收益率的目的。

正是因为预约对双方都有益处,预约作业成为服务业是否成熟的标志性活动之一。预约率的高低,直接反映该服务企业的服务能力。我国服务业的发展既不均衡,也不完善,无论是企业还是客户,即便是预约,爽约的可能性也很大。企业可能因为某种高收益的服务而放弃对客户的承诺,而客户也可能因为一时的不便而毫不犹豫的爽约,虽然受到诸多因素的影响,但不可否认,预约作业的开展,服务顾问的作用非常关键,服务顾问通过对企业和客户双方利益的准确把握,进行良好的沟通和协调平衡,从而使企业和客户双方利益最优化成为可能。

三、预约工作内容和要求

预约工作的具体内容和要求如下。

1.认真接听客户的预约电话

预约服务人员首先记录客户的相关信息,明确维修工作内容,与客户商定具体的维修时间,并告知较为准确的费用估价。若需要准备价格较高的配件时,应该请客户预交定金。

2.明确无法进行的工作

根据接待主管、车间主管、配件主管等相关人员提供的信息,确立无法实现的预约内容,告知客户并建议解决办法。

3.合理安排预约确定后的相关工作

预约确定后,要填写相关工作表格,如汽车维修预约登记表格。负责进行预约业务的协调、内部确认,及时通知车间主管提前做好工位、配件、维修工具及设备、维修技师和技术资料等方面的准备。

4.预约提醒

预约时间临近时,应提前(半天或一天)与客户确认预约内容和时间,并提醒客户带好相应的维修手续。

四、预约的形式

1. 按预约手段分类

预约是通过双方提前约定来实现的,根据预约手段的不同,可以把预约分成三类。

(1)电话预约,是指通过电话的方式进行预约。

(2)现场预约,是指客户在服务顾问处进行预约。

(3)网上在线预约服务,客户登录企业网上会员系统,进行在线预约。

2. 按预约主动方式的不同分类

根据预约主动方式的不同,我们可以把预约分成两类。

(1)主动预约,即由服务中心主动给联系客户进行的预约服务。如果客户对汽车不太了解,或者没有时间关心自己的车应该何时做维护,就需要服务顾问根据预留的客户档案,主动给客户打电话,提醒客户来店维护车辆。此类服务为汽车服务企业主动邀约客户,因此,称为主动预约服务。

主动预约服务的对象包括:根据企业所掌握的信息,近期内需要维护的客户;来店维修缺件待料的客户;存在疑难故障,需要进一步观察再行维修的客户。

(2)被动预约,即由客户主动联系服务中心进行的预约服务。客户在开车过程中感觉车子有问题,或者客户有较高的服务意识,能够按照《维护手册》的要求主动向汽车服务企业进行预约,此类服务为客户主动联系企业要求预约,因此,称为汽车维修服务企业被动预约。

被动预约服务的对象包括:对企业有良好服务体验的老客户;高服务素质客户;需要进行紧急救援的客户。

五、客户预约的一般规律

预约服务为期望个性化服务的客户提供了更多的选择。虽然预约有很多好处但事实上并非所有的客户都希望得到愉悦服务。不同的客户群体有不同的价值观,我们很难做到让所有的客户都进行预约作业。在实际工作中,预约客户的群体范围总是大致遵循这样几条规律。

1. 车型档次越高的客户预约成功率越高

收入越高、车型档次越高级的客户,更在意时间成本,因此,预约活动较好开展;收入大众化、车型档次较低的客户,相对而言以货币成本为重,是否预约则在其次。

2. 文化水平越高的客户预约成功率越高

文化水平越高的客户,越重视工作效率,预约意识也比较强;文化素质较低的客户,则随意性很强,预约意识也比较淡薄。

3. 越是发达地区,预约成功率就越高

一般来说,在服务业比较发达的城市,客户预约意识比较强,如北京、上海等;在服务业较为落后的城市,车主预约意识较差,如县级城市。

六、预约推广

为了提高预约比例,可以从以下方面着手。

(1)加强预约管理的宣传力度,制作预约看板,设置预约电话专线,方便客户预约。

(2)制订有效、可行的预约流程引导客户预约,调节客户来店时间。推出低谷时段预约维护工时费优惠等活动,吸引客户。

(3)把当天预约客户的名单写在预约展示板上,欢迎预约客户,让有预约的客户有被重视的感觉。对成功预约的客户,结算时给予优惠或赠送小礼品。

(4)在客户接待区和客户休息区放置告示牌,宣传和提醒客户预约。

(5)跟踪回访客户时,宣传预约业务,让更多的客户了解预约的好处。

(6)经常向未经预约直接进厂的客户宣传预约,鼓励客户预约。在接待未预约的客户时,尽量满足客户期望,提供人性化服务,同时要通过预约管理看板的使用,把已经安排作业的工位及时间标注出来,让客户知道预约的合理性和先进性。

操作指引

1.组织方式

(1)将6~8名学生分为一组,每组推选一位组长、一位副组长。

(2)场地:具有分组条件的教室或实训室。

(3)工具和耗材:纸、笔、评分表。

2.操作要求

(1)指导老师应该严格限制讨论时间。

(2)组长和副组长应分工负责,完成本次讨论及总结任务。

(3)讨论可以不拘泥于书本,引导学生发散思维,多联系实际。

任务实施

(1)请各小组围绕以下话题进行讨论,讨论后派一名代表上台汇报和交流。

①如何正确认识预约的作用及意义?开展预约对经销店和客户各有哪些积极意义?

②预约有哪些类型?在执行不同类型的预约时,执行标准和流程应该有哪些差异?

③预约的三大规律是什么?除此以外,预约还应遵循哪些客观规律?

(2)指导老师进行点评,各组根据表2-1进行评价总结。

评 价 表　　　　　　　　　　　　　　表2-1

综合评价		自我评价	小组互评	教师评价	第三方评价
素质考评 30分	学习态度6分				
	遵守纪律6分				

续上表

综合评价		自我评价	小组互评	教师评价	第三方评价
素质考评 30分	安全操作6分				
	协调配合6分				
	出勤情况6分				
技能考评 70分	工具使用10分				
	任务方案10分				
	实施过程40分				
	完成结果10分				
（总分100分）本次得分					
最终得分			评价等级		

![任务小结图标] **任务小结**

预约工作是整个汽车售后服务流程的起始环节,具有举足轻重的作用。有效的服务预约可以简化后期服务的工作量,能够使工作井然有序,在日常工作中应该重视对客户的预约。

学习任务2　维修预约流程

![任务描述图标] **任务描述**

服务顾问李想在系统中查看,发现自己负责的客户张女士购买大众迈腾已经6个月了,按厂家规定应该做首次维护了;同时,客户李先生的大众CC购买一年多了,至今没做过维护。服务顾问李想应该如何邀约张女士、李先生进店做维护呢?

![学习目标图标] **学习目标**

(1)能够描述预约作业流程。
(2)能够正确执行预约作业要点。
建议学时:4学时。

📖 **知识准备**

一、预约作业相关工作

1. 收集预约信息

（1）主要通过三种方式获得预约服务信息：定期维护、维修后的跟踪、客户主动电话预约。

（2）每周根据维修记录及定期检点计划汇总下周需要做维护预约的车辆。

（3）每辆车维修完成交车的时候应该与客户确认下次维护时间、遗留问题，并在回访时再次确认预约内容。

（4）鼓励客户主动要求的预约服务。对于预约客户给予相应的优惠措施。

2. 记录及传递信息

（1）将客户预约信息记录在"客户预约登记表"上，存放在"预约输入"文件夹。

（2）查找所需零件是否有库存，如果没有库存，按照缺件流程处理，并与零件部门确认到货期。

（3）与车间确认维修工具、专用工具、工位可用情况，通过"客户预约登记表"或专营店维修预约单（表2-2）传递信息。

专营店维修预约单　　　　　　　　　　　　　　　　　表2-2

时间：　　　　　　　　　　　　　　　　　　　　　　　编号：

客户姓名		联系电话		客户档案编号	
车号		车身颜色			
预约时间		客户服务信用权限			
是否变更预约时间					
预约服务项目					
服务接待		库管员		车间主管	

注：客户服务信用权限为客户预约历史信用评估。从未失约为S级，享受9折优惠；失约比例20%以下为A级，享受9.5折优惠；失约比例20%～40%之间为B级，享受9.7折优惠；失约比例40%以上为C级，每个服务等级预约优惠额度不同，C级及其以下无折扣优惠。

3.收集维修车间、零件库房反馈的信息

(1)前台负责跟踪维修车间、零件库房的反馈,将反馈信息完整的"客户预约登记表"移至"预约确认"文件夹。

(2)如果收集到的信息与客户初步约定的时间有差异,需再次与客户确认。

4.看板上记录预约信息

(1)将已经确认的预约信息公示到预约看板上。每天早上将当日预约显著标示出。

(2)看板上应该对不同性质的预约加以区分:车间、外出、维护、修理。

5.DMS 系统中做预订

DMS(Dealer Management System)系统指的是汽车经销商管理系统。

(1)根据确认的预约服务信息,在系统中进行预定。预定信息尽可能完整。

(2)定期对已经没有确认销售的预定进行清除。

6.再次确认

(1)预约前日,再次与客户确认客户的进场时间。进场时间最好精确到小时,至少到半天。

(2)如果确认的时间有较大变化,必须在"预约登记表"上进行登记并按照新的预约进行处理。根据新的预约情况,调整预定信息。

7.确认信息传递

(1)将确认的信息反馈到车间,做车间计划。包括维修人员的确定、工位的确定、工具的确定。

(2)将确认的信息反馈到零件库房,做预包装。

8.车辆进站

(1)按照接车流程接车,并在车上放置"预约车辆"标牌,将车辆引导至预留的工位。

(2)预约之外的新增维修项目按照正常程序处理。

二、预约作业流程

流程是经验的总结,可以指导及提升汽车经销商的服务工作;流程是管理规范,可以规范及提高汽车经销商的服务工作;流程是品牌的形象,可以减少差异,统一及提供优质的品牌形象。

所以服务顾问只有掌握了标准统一的预约流程,才能让客户感受到专业、热情、耐心的服务,给客户留下深刻的印象,将客户转化为到店客户,进而成为忠诚客户,为经销商店维持及提升业绩提供保障。

根据各公司对接受预约的人员不同,服务顾问接受客户预约的电话流程如图 2-1 所示。预约专员接受客户预约的电话流程如图 2-2 所示。

```
主动预约 ──→ │ 服务顾问 │ ←── 被动预约
其他人员 ──→
              │ 自报家门 │
              │ 了解客户需求，确认车辆信息及其他需求 │
              │ 预约登记 │
              │ 回答客户问题 │
              │ 总结预约内容 │
              │ 确认提醒方式 │
              │ 感谢客户预约 │
              │ 确认上述信息，预约录入计算机系统 │
```

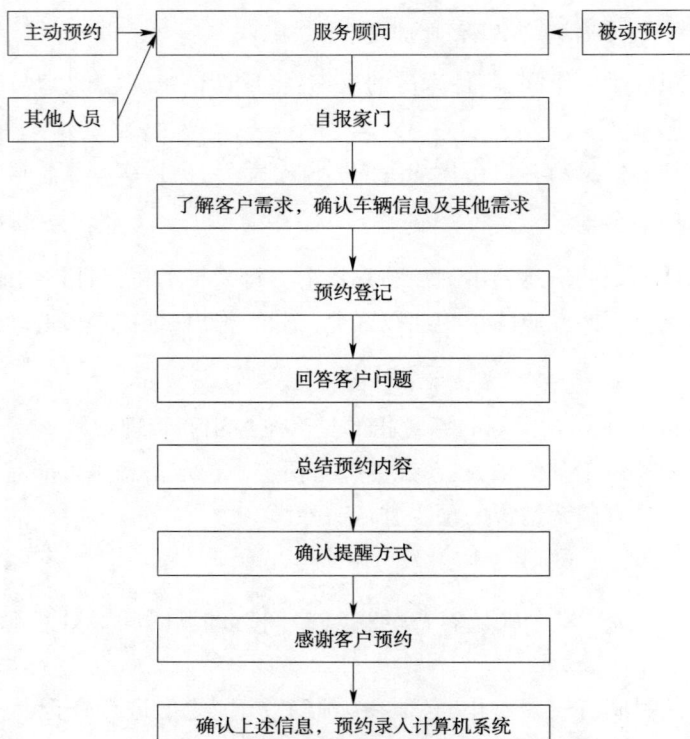

图 2-1　服务顾问接受客户电话预约流程

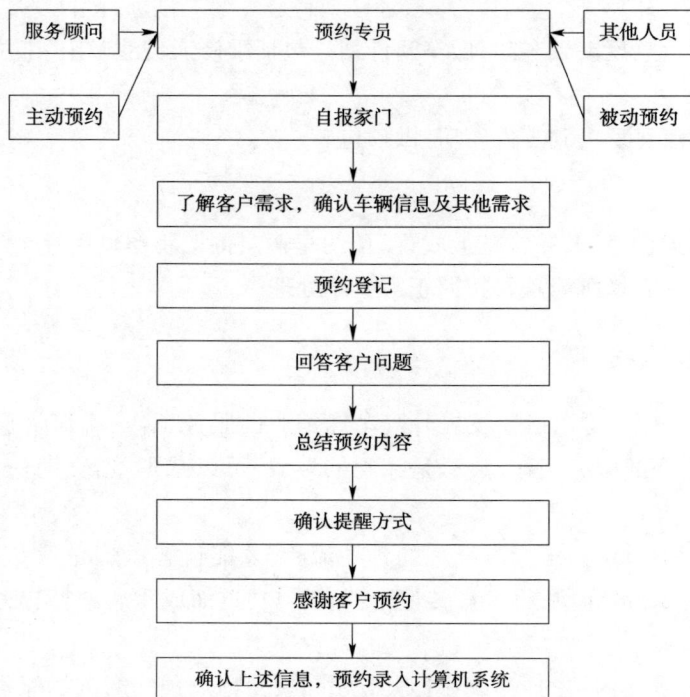

```
服务顾问 ──→ │ 预约专员 │ ←── 其他人员
主动预约 ──→                    ←── 被动预约
              │ 自报家门 │
              │ 了解客户需求，确认车辆信息及其他需求 │
              │ 预约登记 │
              │ 回答客户问题 │
              │ 总结预约内容 │
              │ 确认提醒方式 │
              │ 感谢客户预约 │
              │ 确认上述信息，预约录入计算机系统 │
```

图 2-2　预约专员接受客户电话预约流程

预约流程图中的"其他人员"特指不是公司规定接受预约的人员,这时当你接到客户的预约,应将客户信息交由规定的接受预约的人员进行跟进,客户信息越详细越好,至少需要客户姓名及联系方式供服务顾问与客户进行联系。

三、预约执行要点

1. 自报家门
预约专员问候客户,并报出自己的公司、职位及姓名。

2. 了解客户需求,确认车辆信息及其他需求
(1)确认车辆信息,包括车型、车牌号码、行驶里程、车架号等。
(2)确认客户信息,包括姓名及联系电话等。
(3)了解客户进厂想做的项目,征询客户有无维修建议,并给客户提醒。
(4)询问客户有无特殊要求,如提车时间有无要求、是否需要代步车等。

3. 预约登记
(1)根据客户维修项目,结合服务顾问、车间空余时间及库存,给客户安排进厂日期及时间。
(2)登记维修项目,确认客户所做项目需要的配件有无库存。
(3)推荐服务顾问,如客户有熟悉或较为中意的服务顾问,则预约这个服务顾问的空余时间为客户服务。
(4)推荐维修技师,如客户有熟悉或较为中意的维修技师,则预约这个维修技师的空余时间为客户服务。

4. 回答客户问题
(1)客户的提问也许会贯穿在整个预约中,把它作为一个其中的环节放在流程中。
(2)在预约中,客户会对费用、时间等各方面提出问题,预约专员需要给客户专业的解答并及时给出建议。

5. 总结预约内容
(1)包括客户的姓名、联系电话、车型、车牌号码、行驶里程、车架号、维修项目、进场时间、为其服务的服务顾问及维修技师、做完项目预估的时间和费用及客户的特殊要求。
(2)提醒客户保管好《维护手册》、行驶证、驾驶证等必要资料。

6. 确认提醒方式
一般在客户预约前一个小时,预约专员会给客户做提醒,根据客户的需要,确认是电话提醒还是短信提醒。

7. 确认上述信息,预约录入计算机
(1)将客户预约的内容确认核对后填入纸质预约登记表(表2-3)。
(2)将客户预约信息录入计算机系统。现在几乎所有的汽车品牌都有自己的 DMS 系统,确认预约信息后,将其录入 DMS 系统。

预约登记表   表 2-3

客户基本信息

联系人姓名：_____□先生□女士	车牌号：	车型：	行驶里程：

客户联系方式：□手机号码_____   □固定电话_____   □E-MAIL_____

*地址：_____	新客户：是□ 否□	客户预约方式：电话□ 网络□	对话式接待：
指定服务顾问：是□ 否□	指定主修人：是□ 否□	维修类型：疑难故障□ 返修□	是□ 否□

*取送车：是□ 否□	*希望取车时间：	*代步交通工具：出租车□ 公交车□ 自行车□ 其他□ 费用_____元

同意前一天提醒：是□ 否□	方式：□电话 □短信 □E-MAIL	*最新市场活动：参与□ 不参与□

提醒客户携带资料：维护手册□   驾驶证□   行驶证□

车辆情况：

初次预约维修时间：	客服接待员：

来电时间：

预约工单落实（30min 内）

维 修 项 目	工时费	零部件编号	配件金额	备注（有无货）
1.				有□ 无□ 其他_____
2.				有□ 无□ 其他_____
3.				有□ 无□ 其他_____

配件经理签名：

服务顾问落实时间：	工位/工人落实时间：

服务顾问与客户沟通情况 *

服务顾问签名：

服务顾问助理落实：

发送短信息时间	预约看板登记时间	DMS 工单填写时间
预约前一天短信息提醒时间	交服务顾问时间	服务顾问助理签名：
修订时间	上次维修时间	

服务顾问提前一小时联系情况：

委托书号：	服务顾问签名：
预约时间是否改变：是□ 否□	新预约时间：
客户主动取消预约：是□ 否□	上次未排除故障：是□ 否□
DMS 备注记录：是□ 否□	维修历史打印：是□ 否□

技术解决方案

服务顾问签字：	维修车间主管签字：	服务经理签字：

四、预约标准

（1）控制好维修技师的工作量。预约维修的工作时间一般不超过维修技师全部可用时间的80%，以便留有足够的时间来服务未预约的客户，完成紧急修理和应对维修工作的延时。

（2）预约客户到达汽车维修服务企业的时间应与预约维修的时间错开15～30min，以便留有适当的时间填写汽车维修派工单。

（3）维修预约等待时间不超过3个工作日。

（4）实行预约确认程序，确认预约的客户，并快速联系失约的客户。

（5）设置预约管理看板，以便直观地管理预约。

（6）建立以计算机为基础的预约体系，科学安排预约，准备齐全维修派工单和零配件。

五、预约作业接待

服务顾问应在客户预约时间之前做好接车准备，并进一步完善客户资料。

（1）如果客户在约定时间准时来店，服务顾问要在第一时间与客户打招呼，按照接车流程进行接车，并安排至预留工位，将维修状态改为在修；在客户资料中增加客户服务信用权限积分，享受预约优惠。

（2）如果客户在约定时段来店，但预留工位已做安排，则按照接车流程进行客户接待，并优先安排客户在修，将维修状态改为在修，客户资料仍按照成功预约登记，享受预约优惠。

（3）如果客户未在约定时段来店，但预留工位已做安排，则按照接车流程进行客户接待，并优先安排客户在修，将维修状态改为在修，客户资料仍按照成功预约登记，但不享受预约优惠。

（4）如果客户主动来电话变更预约时间，服务顾问则需重新填写预约单，变更预约看板，并通知零件库房和维修车间，客户资料不变更。

（5）如果客户预约当日没有来店，也没有主动联系，则服务顾问按爽约处理，需在预约看板中删除任务，并在当日下午与客户沟通了解客户爽约的原因，进行二次预约；在客户资料中进行爽约登记，降低客户服务信用权限积分。

六、电话预约工作要点

在预约作业过程中，服务顾问使用正确的电话语言和技巧很关键，它直接影响着预约作业的服务质量。因而，掌握正确礼貌的打电话方法是非常必要的。打电话时，虽然双方看不见，但音量、语气、语言的简洁程度等看不见的风度表现，都通过电话传递给了客户，与此同时，也凭借声音了解了客户态度、心情、修养等。所以，良好的电话沟通，不仅能体现自身优良的素质，而且也有利于维护和提升公司的形象。

（1）客户主动来电，必须在铃响三声之内接听。

（2）问候客户并自报家门，采用标准电话用语接听，在沟通过程中对客户使用尊称，这样可以表现出对客户的高度重视，不随意打断客户说话，仔细聆听客户的需求并做好记录，这样做客户是可以感受到友善与微笑的。

（3）接听电话要始终保持微笑，对客户的询问要积极回应。

（4）在预约时间方面，不可一味满足客户要来的时间，应根据维修车间的工作情况，主动引导客户，并为客户提供两个可供选择的维修车间未预约的空余时间。

（5）详细询问及记录客户的个人及车辆信息、维修项目、客户的要求等。

（6）总结预约内容并请客户确认，这样做是为了防止双方在沟通过程中有理解偏差，为了服务工作的顺利进行。

（7）服务顾问在客户挂电话后方能挂电话。

电话预约礼仪

操作指引

1. 组织方式

（1）将6~8名学生分为一组，每组推选一位组长。

（2）场地：实训室。

（3）工具和耗材：预约电话、预约单及服务接待仿真操作系统、计算机。

2. 操作要求

（1）严格控制各组表演及点评时间。

（2）任务下达时，要求学生能正确分析客户需求信息，讨论并制订出合理的处理方案。

（3）任务实施时，指导老师应指导学生学会收集必要的信息来帮助任务的完成，必要时给予理论知识的讲解。

（4）模拟训练时，应注意强调热情、准确、高效地完成任务，正确完成处理流程。

（5）观摩的同学应讨论模拟过程中不符合要求的地方，提出改善意见。

（6）注意保护相关道具及实训设备；自觉遵守安全操作及5S的工作要求。

任务实施

（1）根据本学习任务描述，模拟服务顾问进行被动或主动预约，以组为单位进行演练。

（2）按表2-4进行评价、考核。

评 价 表
表2-4

序号	评价内容	满分	自评得分	互评得分	教师评分	综合得分
1	声音洪亮，字句清楚，语速适当，微笑服务	10				
2	电话铃响三声之内接听并向客户问候	10				
3	报出公司名称、部门、职位及姓名	10				
4	在对话过程中询问并称呼客户	10				
5	确认客户信息	10				
6	确认客户需求	10				
7	预约登记	15				
8	总结预约内容	15				
9	询问客户预约提醒方式	5				
10	向客户致谢，结束谈话	5				
	总　　计	100				

实施预约服务是企业稳定基盘客户、提高客户满度、增加入店台次、降低运营成本,以及实现企业在运营中削峰填谷的有效手段。当然,预约客户也应该在参与的过程中,享受到企业给予的优惠、快捷与鼓励。只有客户对预约优势的肯定与拥戴,预约服务才有可能作为企业服务的一个亮点,持续地进行下去。

学习任务3 维修预约实施

任务描述

李想应聘到某汽车4S店做服务顾问。上班第三天,李想突然接到客户张先生打来的电话,这位客户准备10月2日外出自驾游,所以预约10月1日做2万km维护。在电话中张先生咨询了预约的时间、发动机润滑油的品牌、维护需要的时间等问题,李想应该怎么帮客户进行维护预约呢?

学习目标

(1)能够运用预约提醒话术。

(2)能够在客户爽约后采取正确的应对方法。

建议学时:6学时。

知识准备

一、预约的要点及注意事项

(1)与客户交流时要使用普通话,语音悦耳,吐字清晰。服务内容介绍要熟练,专业术语要准确,注意减少使用或不用缩略语和过于专业的用语。

(2)要在电话铃响三声之内接听,礼貌地问候对方,介绍公司、部门和自己。拨打电话时,当电话按通后,委婉问候对方并报上公司名称及自己的姓名。

(3)通话过程中不时使用"是的""我明白"等简短的话语,表示正在倾听。

(4)善于从对方的语气、语调或话语中发现对方即将结束通话的意思,用适当的语言提示对方先挂断电话。

(5)转接电话需要用专业的方式进行,首先礼貌问候对方,介绍自己的公司、部门和本人;询问呼入者姓名和将电话转给谁,当电话是由接线员转入时,只需介绍部门和本人,不需要介绍公司。

二、话术范例

为了规范与客户交流,服务顾问应该按照公司规定的话术与客户交流,不论是常规的交流内容还是回答客户的疑问,都应该在有关话术的基础上与客户进行对话,切忌出现违背相关要求的话语出现。

进行电话交流时要有愉快的心情、发自内心的微笑和温馨的话语。准备好客户资料和工作记录本等。同时还要运用相关的汽车专业知识,对客户提出的有关汽车技术方面的问题进行解释和回复。

1. 定期维护电话话术

"您好!请问是××先生/女士吗?我是××4S店的信息员小徐,根据我们的系统显示您的××汽车现在需要做15000km的维护,不知道您的车辆现在行驶里程是多少了?目前是否做了维护呢?请您及时为您的爱车做维护,我们4S店将为您提供热忱优质的服务。"

(在得知客户车辆已经做了维护的情况下)

"嗯,好的,我们只是为了给您一个及时的提醒,欢迎您下次来我店为您的爱车做维护。祝您用车愉快!再见!"(待对方先挂断电话)

(在得知客户车辆目前还没有做维护的情况下)

"欢迎您来我们4S店做维护,请问您最近什么时候有空呢?我们恭候您的光临。"

2. 首次维护电话话术

"您好!请问是××先生/女士吗?我是××4S店的信息员小徐,您于××年××月××日在我们店购买了一辆××汽车,我想了解一下您车辆目前的使用状况。首次维护有没有做过呢?目前车辆行驶里程是多少?如果首次维护还没有做,请您记得在××日以前在我店享受免费首次维护。我们将热忱欢迎您的到来。"

(得知还没有做首次维护的情况下)

"好的,请您一定要在××日以前来我店为您的爱车做首次维护,另外要记得带上《维护手册》,我们恭候您的光临。"

(在得知客户车辆已经在其他店做了首次维护的情况下)

"嗯,好的,我们只是给您一个及时的提醒。请问首次维护在哪儿做的呢?欢迎您下次到我们店来做维护。祝您用车愉快!"

3. 主动预约电话话术

服务顾问:(拨电话)"您好!××汽车销售服务公司/汽车维修服务公司,我是售后服务顾问李敏。"(准备记录)

客户:"你好,有什么事吗?"(或"抱歉!会议中,等会儿再打过来。")

服务顾问:"抱歉打扰您,在我们的档案中,您的车该做××km维护了。"

(或"上次提醒您应该更换前制动片,估计到时间了。")

(或"上次您预定的配件火花塞已经到货了。")

(或"下周一开始优惠服务月活动,内容.....")

客户:"是吗?"

服务顾问:"是的,请问您的车现在的行驶里程是多少?"

客户:"已经21000km了。"

（或"还没到呢，才 18000km。"）

服务顾问："那您什么时候来做维护呢？"

客户："下周六如何？"

服务顾问："周六客户太多，我们已预约满了，请问周四或周五如何？"

客户："那就周四吧！"

服务顾问："谢谢您，那您看周四上午 11 点好呢还是下午 3 点好呢。"

客户："下午 3 点。"

服务顾问："那好，我跟您确认一下预约好吗？下周四下午 3 点，我将恭候您的到来，我的电话是××，您如果不能按时到来，请提前 1 小时通知服务顾问好吗？"

客户："好的，谢谢！"

服务顾问："谢谢您，下周四见！"

4. 被动预约电话话术

服务顾问：（接电话）"您好！××汽车销售服务公司汽车维修服务公司，售后服务顾问李敏为您服务。"

客户："你好，我的车子需要做维护，而且使用时有噪声。"

服务顾问："非常抱歉，给您添麻烦了。对您所关心的问题，请允许我做个记录好吗？"（准备记录）

客户："好的。"

服务顾问："请问，您贵姓？怎么称呼您呢？"

客户："我姓张，张林。"

服务顾问："谢谢您，张先生。您买的是什么车型？能否告诉我您的车牌号？"

客户："我买车的时间是××年的××月，车牌号是××。"（服务顾问边记录边查阅客户档案）

服务顾问："请问您的车辆是行驶了 21000km 吗？"（假设已经查到相关信息）

客户："是的。"

服务顾问："张先生，对于您车上的噪声问题，因为没有见到您的车，所以不好确定是什么声音和什么原因造成的。还是麻烦您开车到公司，我们为您的车辆做检查好吗？"

客户："这种噪声使我心里很不舒服，还是新车啊，问题很大吗？"

服务顾问："请您不用担心，我们会为您妥善解决的。但首先还是请您在百忙之中将爱车送来检查一下。"

客户："那好吧，反正我也要做维护，那我明天去吧。"

服务顾问："在预约记录中，明天和后天都有空档，您能确定明天来吗？"

客户："是的。"

服务顾问："那好，明天上午 10 点或者下午 2 点，您看哪个时间方便呢？"

客户："我想早上 8 点来。"

服务顾问："很抱歉张先生，明天上午 8 点已经预约满了，您看上午 10 点行吗？估计 12 点前就可以结束了。"

客户:"那好吧,10 点。"

服务顾问:"请问您的电话? 这样我们就可以和您保持联系。"(假设客户档案没有及时查到)

客户:"你们的客户档案不是有我的信息吗? 我去年 12 月去做过维护。"

服务顾问:"抱歉张先生,因为一直和您通话,没能打开客户档案,那我现在查一下好吗? 张先生,请问您的手机号是××吗?"

客户:"是的。"

服务顾问:"为了能保证给您补寄优惠活动信件或者其他信件,能给我留一个补寄地址吗?"

客户:"××路××号,邮编××。"

服务顾问:"那好,我跟您确认一下预约好吗? 明天上午 10 点,我将恭候您的到来,我的电话分机号是×××,您如果不能按时到达,请提前 1 小时通知服务顾问好吗?"

客户:"好的,谢谢!"

服务顾问:"谢谢您,明天见!"

5. 接听电话情境

(客户来电,预约专员接听电话)

客户:"喂!"

预约专员:"您好! ××公司,很高兴为您服务。"

客户:"我想明天过去给车辆做个维护。"

预约专员:"好的,我给您做个登记。请问先生(女士)您贵姓?"

客户:"姓万。"

预约专员:"万先生,请问您的电话?"

客户:"×××。"

预约专员:"您的车型?"

客户:"×××。"

预约专员:"您的车牌号?"

客户:"×××。"

预约专员:"行驶里程是多少?"

客户:"21000km 左右吧。"

预约专员:"好的,我已记好了,请问您是上午还是下午过来呢?"

客户:"上午 10 点吧。"

预约专员:"万先生您好,这个时间已排满,您看下午行吗?"

客户:"下午我没空呀。"

预约专员:"那上午 11 点可以挤出点时间来,您看行吗?"

客户:"好吧! 那我明天上午 11 点过来,大概要多长时间? 费用多少?"

预约专员:"好的! 谢谢您! 现重述一遍我的记录,您看有没有问题,好吗?"

客户:"好的。"

预约专员:"万先生,您的车牌号是××,电话是××,您的车是××型,行驶里程 21000km 左右,您明天上午 11 点来我店做维护,维护正常需要××时间和费用××元。为您安排的服务顾问是××,您看对吗?"

客户:"对的。"

预约专员:"好的,万先生,我已安排好了您的预约,期待您明日 11 点的光临,谢谢您的来电!"

客户:"谢谢你,再见!"

预约专员:"再见!"

6. 电话确认情境

下班前,预约专员将预约登记表发给服务顾问和相关人员,服务助理找出预约客户的档案交给服务顾问,服务顾问查阅档案记录得知上次维修建议(刮水片较薄,建议更换),并查询、记录刮水片的价格和工时费,配件发料员准备好预约客户所需零配件并单独存放。第二天上午十点半,预约专员打电话与客户进行预约确认。

预约专员:"周先生,您好! 我是××公司的××。"

客户:"你好!"

预约专员:"我来电话是确认一下您今天预约维护的事。"

客户:"哦!"

预约专员:"您是预约上午 11 点过来,您能准时到来吗?"

客户:"没问题,我 11 点左右会到的。"

预约专员:"好的,期待您的光临。"

客户:"再见。"

预约专员:"再见。"

三、客户爽约应对

爽约指没有履行约会,失约。"爽"即违背、没有履行的意思,与失约同意。

如果预约客户迟到,是否安排预约要根据车间工作情况而定,若客户迟到时间不长,车间有能力接受维修任务,且与后面的工作不发生干扰,可以安排作业。一般这种情况只适用于刚开始预约的客户。

鉴于现在客户的预约观念不强,可以对这部分具有预约意识的客户给予适当优惠,强调"下不为例",并且说明预约的重要性和优点。

提醒服务话术:

"您的车辆下次维护的行驶里程是××km,或日期是××月××日,届时我们会提前×周给您发去维护通知。"

"感谢您的惠顾,3 日内我们还会对您的车辆维修情况进行回访,请问您 3 日内哪个时间段接听电话方便呢,联系方式还是打您现在这个电话可以吗?"

📖 **操作指引**

1. 组织方式

(1)将 6~8 名学生分为一组,每组推选一位组长。

（2）场地：实训室。

（3）工具和耗材：计算机、预约电话、预约单及服务接待仿真操作系统。

2. 操作要求

（1）严格控制各组表演及点评时间。

（2）任务下达时，要求学生能正确分析客户需求信息，讨论并制订出合理的处理方案。

（3）任务实施时，指导老师应指导学生学会收集必要的信息来帮助任务的完成，必要时给予理论知识的讲解。

（4）模拟训练时，应注意强调热情、准确、高效地完成任务，正确完成处理流程。

（5）观摩的同学应讨论模拟过程中不符合要求的地方，提出改善意见。

（6）注意保护相关道具及实训设备；自觉遵守安全操作及 5S 的工作要求。

任务实施

（1）根据前面的任务描述，以组为单位，进行演练。

（2）按表 2-5 进行评价、考核。

电话预约

评 价 表   表 2-5

序号	评 价 内 容	满分	自评得分	互评得分	教师评分	综合得分
1	声音洪亮，字句清楚，语速适当，微笑服务	10				
2	主动向客户问候	10				
3	报出公司名称、部门、职位及姓名	10				
4	确认客户身份	10				
5	询问客户接电话是否方便	10				
6	确认客户是否准时来店	10				
7	提醒客户带好《维护手册》	15				
8	适当的客户关怀	15				
9	感谢客户接听，请客户先挂机	5				
10	做好相关记录工作	5				
	总　　分	100				

任务小结

（1）确认预约准备完成后，在预约入店日前 2 日对已临时预约的客户再次致电，进行预约确认。

（2）如果客户要求取消预约时，应该：

①在客户管理卡和计算机中的客户档案中取消预约记录。

②如果有零件出库，在系统中进行退库处理。

③将已经准备好的零件重新放回货架。

④在系统中做派工单取消处理。

项目三 客户接待服务

📚 **任务概述**

　　车辆接待是企业售后服务部与客户接触"关键瞬间"的开始,也是服务顾问的核心任务。标准接待过程可以显示出企业售后服务的专业和热忱,该项作业完成的优劣可以最直接地反映企业服务水平,快速、热情、友好、专业的接待能够体现对客户的尊重和关心,给客户留下深刻的印象、赢得客户的信任,建立良好的互动关系,提升客户的满意度。

　　整个接待过程,服务顾问与客户之间是互动的关系,一方面服务顾问需要充分了解、确认客户此次来访的需求;另一方面要查找客户尚未留意的故障或隐患,给出专业的维修建议。

　　服务顾问要做好车辆接待工作,涉及服务顾问应该有礼有节地接待客户、仔细地进行车辆预检、按照业务流程完成接车任务、根据客户车辆的故障情况进行估价、估时和派工。

📖 **学习任务**

1. 客户接待概述
2. 维修接待流程
3. 各类业务接待
4. 估价与估时

学习任务 1　客户接待概述

任务描述

客户王先生的捷达车早该做维护了,虽然4S店邀约过好几次,但是由于工作忙,一直没来。今天王先生开空调时感觉似乎有异味,于是王先生将他的车送到4S店做维护,服务顾问李想负责接待。李想该如何接待客户呢?

学习目标

(1)能够描述接车环节的工作职责和基本要求。

(2)能够分析接车环节客户的期望。

(3)能够使用汽车维修服务常用术语。

建议学时:4学时。

知识准备

一、在接车环节服务顾问的职责

接车是服务顾问核心任务。在接车作业完成的优劣最直接反映企业的服务水平。

(1)友好接待来店的每一位顾客。

服务顾问要在预约客户来到前准备好资料。但是对其他客户也要友好地进行接待,不能让客户产生我们不友好的感觉。

(2)询问客户需求。

客户来店后,服务顾问要认真了解客户的需求及来店的目的。如果需要我们进行服务,要明确服务的类型。如果是其他目的,则要尽可能提供相应的帮助。

(3)对车辆进行问诊。

服务顾问要对来店的车辆进行预检,并询问客户故障原因。

(4)对维修进行估价和估时。

服务顾问要协调车间维修工位和库房备件的关系,根据客户需要维修的项目进行估价和估时,并与客户沟通确认。

(5)填写好问诊表。

问诊表是服务顾问与客户之间达成协议的重要文件,服务顾问要将需要进行的工作写到问诊表上,双方签字认可。

(6)安排好客户以及保修车辆。

签好问诊表后,服务顾问应征求客户意见是离店还是休息室等候。将客户安排好后,将车辆送到待修区,妥善保管好车辆钥匙。

二、在接车环节客户的期望

了解客户的期望是做好服务的前提。那么当客户来店时他们的心理状态是怎样的呢？

1. 客户心理状态

（1）很多客户很不高兴，因为他们的车辆无法正常运转而且可能就是在上班的路上或外出公务的时候出了问题，客户会十分恼火。

（2）有很多车辆故障时出乎客户意料之外的，可能他们有很多紧急的事情要做，而由于车辆的原因，他们不得不来服务的，所以他们心里很着急。

（3）由于汽车技术含量高，当车辆发生故障时，绝大多数车主不清楚问题所在。这会让很多自认为对车辆很精通的车主十分烦躁，因为他们找不到故障的原因。

（4）有些客户来店后会显得很不安，因为他们对店内服务不了解，不知道服务水平如何，会不会把车修坏？会不会发生"宰"客现象等，这些都是让他们感到很疑惑的问题。

（5）有很多客户没有更多的时间等待，他们十分在意能否按照约定的时间把车修好。

2. 客户的期望

掌握了客户的心理，服务顾问就可以了解到客户在接车环节的期望。

（1）我们的服务顾问是可靠的，服务顾问要能够兑现现在服务各个环节的承诺。

（2）期望服务顾问能够礼貌、友好、平等地对待每一位客户，并中肯地为客户推荐服务项目。

（3）维修的价格要合理。

（4）能够提供全面的服务和优质的修理。

（5）期望企业能够有一个友好的氛围，服务氛围从一个侧面反映了企业的服务水平。

汽车维修服务的
常用术语

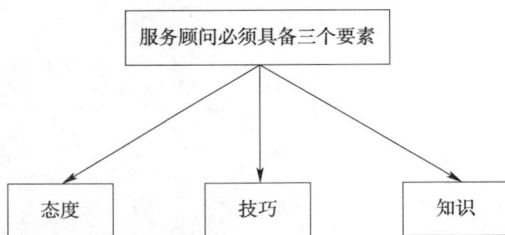

三、接待的要求

服务顾问必须具备三个要素，即态度（诚实、谦虚、微笑、信赖、亲切等）、技巧（表达技巧、诊断技巧、顾客应对技巧、电话沟通技巧等）和知识（车辆知识、顾客知识、市场知识、关于服务话术的知识、心理学知识等）（图 3-1）。

在服务过程中，对服务顾问的要求如下：

（1）规范的礼仪。要求是统一着装、佩证上岗、仪容端正、礼仪规范、态度乐观热情、语言文明，主动迎接客户并问候、了解客户需求、递名片、作自我介绍、引导客户休息等。

（2）熟悉工作流程，有一定的组织能力。要求是：懂得尊重人，善于团结人，善于沟通协调；做好物品及程序准备，如名片、电话、护车套件等。

（3）规范的操作。要求是：爱护客户车辆；

图 3-1 服务顾问三要素

具有汽车维修专业知识和一定的动手能力;懂得量化检查结果,会制作各种统计图表;熟悉车间分工,掌握车间工作进度。

(4)与相关部门进行有效沟通。要求是:了解零配件的库存情况,了解财务部门付款方式和发票名称等,了解维修进度、保修期政策、客户车辆的维修内容及技术解释。

操作指引

1.组织方式

(1)将6~8名学生分为一组,每组推选一位组长、一位副组长。

(2)场地:具有分组条件的教室或者实训室。

(3)工具和耗材:纸、笔、评分表。

2.操作要求

(1)指导老师应该严格限制讨论时间。

(2)组长和副组长应分工负责,完成本次讨论及总结任务。

(3)讨论可以不拘泥于书本,引导学生发散思维,多联系实际。

任务实施

指导教师组织学生对今天学习的内容进行讨论和总结。

(1)请各小组围绕以下话题进行讨论:

①在接待环节,服务顾问有哪些工作要做?

②进店做维修的客户,心理状态是怎样的?他们有哪些期望?服务顾问应该如何去满足客户期望?

③在接待环节,服务顾问能否为了显示自己的专业性使用过多的专业术语?

④在车旁接待客户时,应该按照什么标准去执行?

(2)讨论后派代表上台进行总结性发言。

任务小结

客户接待是整个维护服务工作的开始。接待服务水平的高低不仅影响客户对我们的评价,也直接反映了我们的服务能力。要做好服务接待工作,必须了解客户心理,学会换位思考,做好细节服务。

学习任务2 维修接待流程

任务描述

客户王先生的一汽大众迈腾已经行驶近6000km了,李想电话邀约王先生来店做首次维护,王先生如约而至。但是王先生到店后说有今天有急事等着用车,希望4S店尽快完工。看着王先生着急的样子,李想与王先生简单寒暄后就直接把车送进了车间。车辆维护完毕,王先生来取车时发现保险杠下方有划痕,然后找李想进行理论。

李想难道犯了什么不该犯的错误吗?从进店到进客户休息室等待取车是一整个维修接待过程,在这个过程中应该遵循什么样的维修接待流程,应该注意哪些事项呢?

学习目标

(1)能够做好维修接待的准备工作。
(2)能够描述维修接待的基本流程。
(3)能够正确使用维修接待相关话术。

建议学时:6学时。

知识准备

一、车辆接待的服务流程

车辆接待服务流程的主要工作内容有迎接准备、迎接客户、环车预检、确认维修项目、报价、制作工单并客户签字确认、安排客户休息七个环节,如图3-2所示。

迎接准备

↓

迎接客户

↓

环车预检

↓

确认维修项目

↓

报价

↓

制作工单并客户签字确认

↓

安排客户休息

迎接准备工作

迎接客户

图3-2　维修接待服务流程

二、操作规范

服务顾问在车辆接待时,要按流程逐步完成,并注意每个环节的工作要点。

1.迎接准备

服务顾问在接待前要调整自己的呼吸及心情,以热情的态度接待客户,并在接待前准备好需要的工具,如名片、防护四件套、车辆检查表等。

如果服务顾问准备迎接的是已经多次来店的预约客户,应提前在计算机系统中查看客户历史维修记录及上次维修的工单,并查询以前曾给客户提出的维修意见。这些工作不仅有助于提升服务顾问的专业感,更有助于取得客户的信任。

2. 迎接客户

根据各汽车厂家的接待标准的不同,服务顾问在维修接待区或预检区欢迎客户。有些汽车品牌还配有引导员,他们在客户车辆到店后指引车辆在预检区停车、熄火。

服务顾问应在第一时间迎接顾客,主动帮客户打开车门,并使用礼貌语言,如"您好,我是服务顾问×××,请问先生/女士您怎么称呼?请问有什么可以帮您?"同时递送自己的名片。

待客户下车时,服务顾问提示客户随身带走贵重物品,如"××先生/女士,请将您车内的物品收拾一下,如有贵重物品(现金、手机、包等)请随身带走。"提示客户提供相关资料,如"请您提供行驶证和《维护手册》"。当客户到店进行一般维护或自费修理时,客户需要提供行驶证、《维护手册》及钥匙;当客户到店进行事故维修时,客户需要提供驾驶证、行驶证、《维护手册》、保单、事故证明。服务顾问应及时、主动询问客户需求或确认客户预约时所反映的问题,并记录在车辆检查表中。

所有服务顾问都要及时、主动、热情地向客户打招呼,微笑服务。

服务顾问在迎接客户环节,如客户是预约客户,需详细确认该客户信息与系统是否一致,如有不一致的,将不一致的部分在客户系统中更新;如客户是第一次到店,服务顾问需要详细地询问并填写客户个人及车辆信息,并在系统中新建客户信息。需要特别注意的是,在这一环节服务顾问应做好客户相关证件及车辆钥匙的保管工作。

3. 环车预检

服务顾问完成迎接客户、初步了解客户需求之后,应主动邀请客户一起进行环车预检。在预检区给客户提供一个友好的环境,与客户一起对车辆进行彻底、系统的检查。这一环节不仅可以使服务顾问更好地了解客户的需求及解答客户疑问,展示其专业性,更为重要的是客户也参与其

环车预检

中,可以亲自看到自己车辆的状态,并且检查程序及维修程序更透明,这有利于客户与服务顾问建立信任关系,使双方关系更融洽。

进行环车检查时,服务顾问需要询问客户平时使用过程中感觉有问题的地方,并在做每项检查时都要对客户进行讲解。各顺序工作要点如下。

(1)安装车辆保护套。

进行环车预检前,服务顾问应先为客户的车辆安装防护四件套(转向盘套、变速杆套、座椅保护套及脚垫),防止在维修过程中将车辆内弄脏。

服务顾问可以使用以下话术:"××先生/女士为了爱护您的车辆,我们为您的车安装防护用品,分别是转向盘套、变速杆套、座椅保护套及脚垫。您看,防护品都安装好了,麻烦您到副驾驶的位置,我们共同进行一下车辆检查。"这样主动邀请客户,并开始环车预检。

(2)车厢内检查。

车厢内检查从左侧主驾驶座开始,这时可以采集到车辆准确的行驶里程,检查项目分别

有仪表指示、驻车制动、排挡系统、行李舱开关、空调系统、音响系统、点烟器、门窗系统、刮水系统、灯光系统、后视镜功能、安全带系统、喇叭,另外还需注意车厢内饰、真皮座椅是否有划痕、储物空间中有无贵重物品等,服务顾问在进行车厢内检查时,需要一边与客户交流,一边检查,这样可以得到客户的准确回应,如"××先生/女士,我们正在检查的是车辆的刮水器,刮水器的各个挡位都正常,刮水片能够刷洗干净。"

（3）行李舱检查。

行李舱检查的项目有警示牌、灭火器、备胎、拖构、千斤顶及确认是否有贵重物品。服务顾问在检查前应先询问客户,如"××先生/女士方便打开您的行李舱吗?"在得到允许后检查行李舱,并时刻告知客户你在做什么,如检查中发现备胎气有异常时,采用以下话术:"××先生/女士,您的备胎气压有点低,我把它记录在预检表内,一会儿我们会做详细检查。"

（4）发动机舱检查。

服务顾问打开发动机舱盖检查发动机舱内,检查项目有防冻液面、转向助力器油、喷水壶液面、发动机润滑油、蓄电池、变速器油、各类水管、皮带、发动机吊脚、制动液面、各个线束接头。如检查发动机润滑油,可以采用以下话术:"××先生/女士,现在我们检查的是发动机舱内的发动机润滑油液面有点低,说明发动机润滑油比较少了。"

（5）底盘检查。

服务顾问在检查车辆底盘时,需用举升机举起车辆,检查项目有轮胎、悬架及防尘套、排气系统、转向系统、橡胶连接系统、制动系统。检查防尘套时,可以采用以下话术,"××先生/女士,现在我们检查的车辆的传动轴,传动轴防尘套良好。"

当在对车辆各个部分进行预检时,可以顺便完成车辆的外观检查,车辆外观检查从左前翼子板开始,依次检查左前翼子板、前风窗玻璃、左后视镜、左前车门、车顶、左后车门、左侧门槛、左后翼子板、后风窗玻璃、行李舱盖、尾灯、后保险杠、右后翼子板、右后车门、车顶、右后视镜、右前车门、发动机罩、前照灯及转向灯、保险杠,着重检查这些部位有无凹坑、划痕、擦痕、锈蚀、变形和移位,以及后视镜、风窗玻璃、前照灯、转向灯可能存在的缺失、裂纹、砂点、污损;兼顾检查轮胎饰盖、车外天线、车门密封条的缺失、变形等。服务顾问在检查时,应随时告知客户检查结果是完好还是损坏,这样可以避免一些问题的发生,如:"××先生/女士,现在我们检查的是车身左前翼子板部位,请您确认一下,左前翼子板有划伤。"

在整个预检车辆的过程中,如客户对某一现象有故障描述或抱怨,服务顾问需要及时准确地记录在检查表中。

4. 确认维修项目

环车预检结束后,服务顾问请客户到接待区、将车辆预检情况进行总结,并根据自己的专业知识向客户提出合理的维修项目。服务顾问同时

确认维修项目

向客户解释委托维修条例,此时还可以给客户做一些提前告知,如"维修技师会对车辆进行更进一步的检查,若有增加项目我们会及时通知您。"客户确认后,服务顾问及客户分别在预检单上签字。

5. 报价

在车辆预检结束后,并在开始任何工作之前,服务顾问应将所做服务项目的费用逐项向客户解释清楚并告知维修所需时间,展现出服务顾问专业、诚信、负责的态度,履行对客户的承诺,建立客户对企业的信赖感,为之后流程的顺利执行奠定基础。

一般在售后服务接待区的显眼位置,都会设有价目表。

价目表的设置是以一种开诚布公的方式,清晰、透明地向客户展示价格,这样可以有效地避免客户可能产生的一些疑惑。

服务顾问告知客户维修项目、费用、用时及零配件的供应情况,由客户决定是否进行修理,在此过程中,服务顾问应运用自己的专业知识尽量让客户明白修理或维护的必要性。如客户不同意维修某些项目,应将这些维修项目作为维修建议记录到系统中;如客户同意维修,应与客户确认项目及费用,录入系统,制作出工单。

另外,当遇到需要拆解后才能给客户准确报价的情况,服务顾问在派工拆解前,应根据客户描述对拆解后的维修项目及费用进行预估,并向客户进行充分说明,客户同意后方可进行拆解。

6. 制作工单、客户签字确认

制作出工单后,服务顾问需要将工单内容逐项解释给客户,内容包括:此次维修项目、维修所需零件、零件费用、所需工时费、总费用、旧件的处理方式、交车时间并询问客户是否有遗漏等,解释得越详细越好,客户认可后在工单上签字。客户在工单上签字确认后,相当于是与经销商签订了具有法律效应的维修合同,维修项目、价格及完工时间等所有工单上体现的内容,都是经过双方同意的,且不能随意变更。所以,客户在工单上签字确认是项重要的工作。

7. 安排客户休息

工单确认完毕后,服务顾问根据客户的需要,安排客户到休息区等候或离店。如客户需要到休息区休息,服务顾问指引客户到休息区,介绍客服专员接待客户;如客户需要离店,服务顾问送别客户或为客户安排替换车辆等。

客户到达休息区后,服务顾问或客服专员需要向客户介绍休息区,包括休息区的服务人员、提供的服务、休息区的设施、设施的使用方式、设施的作用等。目的是让客户知晓他在休息区能得到什么样的服务,客户可以根据自己的爱好安排在休息区的活动。

客户车辆在维修过程中,服务顾问要对客户进行过程关怀,告知客户车辆目前的维修进度、维修状况,可以采用以下话术:"××先生/女士,您在这里休息的好吗?您的车辆维修时间都正常,预计可准时完成,您请稍等。"如果在维修过程中,客户车辆存在其他问题,需要增加修理项目时服务顾问需要及时提醒客户,在征得客户同意确认后,才可以进行修理。

三、注意要点

1. 迎接客户环节

(1)客户车辆进入经销商待修车停车区,尚未接待客户的服务顾问应主动出迎致意,出迎时携带接车单。

(2)若是进厂维修客户,则服务顾问直接在接车单上记录车辆外观情况、进厂原因,并进行情况描述简要记录;若不是进厂维修客户,则应带领客户至相关业务部门。

(3)遇到雨或雪天气,若停车区与营业厅之间的通道没有雨棚,当客户车辆进入停车区时,任何一位工作人员在不影响正常业务流程的情况下都有义务主动打伞出迎并引领客户至相关业务部门。同时,在营业厅门口处也应准备好吸水性强的白毛巾,以备客户在进入营业厅时擦去身上的雨或雪。

(4)若服务顾问无法出迎,应在客户进入营业厅时主动向客户致意;若服务顾问正在接待其他客户,也应及时对新到来的客户打招呼并请其稍等。

(5)接待台应备有饮水机,客户在接待台前坐下时应送上一杯水(冷天热水,热天根据客户喜好选择冷水或热水)。

(6)如果客户需要等候接待,则等待时间不得超过5min。如果客户等待时间超过5min或有几位客户同时等待时,必须增加临时服务顾问。

(7)预约过的客户到来后必须立即接待,禁止等待。接待后直接将接车单、委托单与车辆一起送至车间交给接受了预约的班组。

(8)禁止让返修客户等候接待,在委托单中需注明返修。

(9)对于维护客户,服务顾问在进行维护项目记录的同时,应主动询问近期车况,并参考车辆的维护记录,以便及时发现隐含问题。接待时间应控制在5min以内。

(10)对于一般修理客户,倾听客户描述故障情况并进行需求分析的时间不低于6min。

2. 环车预检环节

(1)在客户进行故障情况描述时,服务顾问可以在适当的时候用引导性语言进行需求调查,但严格禁止打断客户的描述。

(2)对于客户描述的情况,在记录要点的同时应及时重复确认无误。

(3)对于客户描述的故障,可通过查看维修记录、试车、会诊、请求技术支持等一系列手段进行诊断,但必须保证快速、准确。如需试车,必须保证客户在场。

(4)根据客户描述情况确定进厂项目,若暂无配件,应主动向客户说明并向客户提供到货时间;若需转包修理,应主动向客户说明并得到客户确认后才可以进行。

3. 报价环节

(1)打印委托单前,应对提车时间及费用情况进行预估,按照客户描述的情况向客户逐项解释所需进行的项目及该项目所需时间与费用,并参考车间进度预估提车时间。

(2)得到客户确认后才可以打印。

4. 打印客户工单并请客户签字确认环节

(1)委托单至少三联。一联客户用作提车,一联前台保存备份,一联用于随车作业。

(2)若即将进行的项目中存在索赔项目,应及时向客户说明并解释清楚。

(3)预估准确,预估费用与实际发生费用相差不要大于10%,预估时间与实际时间相差不要超过30min。但在作业过程中发现新问题时除外。

(4)如果客户在到达经销商处时服务顾问未出迎,则在从客户手中接过车钥匙前应随同客户一起进行环车外观检查、贵重物品确认,并在接车单上标明。

（5）如果客户需自己付费更换配件，要先与客户确定旧件是否带走，并在接车单和委托单上注明。

（6）服务顾问在从客户手中接过车钥匙后，应将标有客户车牌号及停车位号码的钥匙牌连在钥匙上，以方便找到车辆。

（7）服务顾问应在客户面前将护车套件（转向盘套、座椅套、脚垫、驻车制动手柄套、脚垫，如果条件许可还应包括灯光、刮水器控制手柄等维修工可能接触地方的保护套）安置好，并亲自将车辆送入车间。

（8）接车时，服务顾问应尽量记住座椅、后视镜等的位置及角度。

（9）服务顾问将车辆送入车间时，应先建议客户去客户休息室休息，然后将车辆送入车间。将接车单与委托单交给车间主管，最后向客户确认车辆已经送入车间并再次说明预计交车时间；若客户要求直接离开，则在和客户确认预计的交车时间后送客户离开，并留给客户能够随时联络到的联系方式，在客户离开后应随时保持联系。

（10）服务顾问应善于利用"车间进度看板""工时标准"等辅助工具，随时掌握车间工作进度。

（11）在客户需要了解工作进度时，服务顾问有义务为客户进行确认。

（12）当客户产生投诉时，服务顾问必须将客户引领至一个安静的环境（例如业务洽谈室）进行处理，避免因环境嘈杂导致客户心烦而使不满情绪扩大化，避免客户的投诉影响到其他客户。

操作指引

1. 组织方式

（1）将 6~8 名学生分为一组，并推选一位组长。

（2）场地：具有分组及演练条件的教室或者实训室。

（3）工具和耗材：整车一部、车辆预检表、笔、工作夹、计算机录入系统等。

2. 操作要求

（1）指导老师严格控制各组表演及点评时间。

（2）任务下达时，要求学生能提前了解客户信息，讨论并制订出合理的处理方案。

（3）任务实施时，指导老师应指导学生学会收集必要的信息来帮助任务的完成，必要时给予理论知识的讲解。

（4）模拟训练时，应注意强调热情、准确、高效地完成任务，正确完成处理流程。

（5）注意保护相关道具及实训设备，自觉遵守安全操作及 5S 的工作要求。

任务实施

指导老师组织学生演练车旁接待流程并对学生进行考核。

（1）各组自己设计情境，组长组织组员讨论并编写演练剧本，从每组中抽选 2~3 名同学进行客户接待的角色扮演。

（2）演练完成后,先由组内其他同学提出看法及建议,再由其他组别观摩的同学提出看法及建议。

（3）最后按表3-1进行评价考核。

评 价 表 表3-1

序号	评 价 内 容	满分	自评得分	互评得分	教师评分	综合得分
1	声音洪亮,字句清楚,语速适当,微笑服务	10				
2	服务顾问应与接待在大门口迎接客户到来	10				
3	携带记录板及五件套到接车区,记录客户的信息	10				
4	面带微笑迎接客户	10				
5	主动为客户拉开车门,提醒客户当心	10				
6	问候,并感谢客户光临	10				
7	快速自我介绍并询问对方称呼	15				
8	询问客户是否提前预约	15				
9	询问客户意见及确认问题	5				
10	记录板记下客户及车辆服务需要以完成维修工单	5				
	总 分	100				

任务小结

接待是服务顾问与客户之间面对面打交道的过程,服务顾问的一言一行,一举一动客户都看在眼里,能够影响客户对整个服务工作的评价。每个服务顾问应该以饱满的热情接待客户,严格执行经销店接待标准,给客户留下良好的第一印象。

学习任务3 各类业务接待

任务描述

李想已经实习半年了,基本能够独立完成进场维护车辆的接待工作,但是涉及故障车辆,李想还不能独立完成接待工作。师傅为了让李想尽快能胜任各种维修车辆的接待工作,近期让李想经常参加企业组织的维修技术培训,并要求他把来店维修车辆的故障处理方法每隔一段时间做一次总结。李想暗自下定决心,一定要短期内学会接待故障车辆。这一天,李想迎来了一位满腹牢骚的客户,说他的车总跑偏。李想热情地走上前去进行了接待,他一边进行环车外观检查,一边开始对车辆问诊。李想该如何问诊呢?

学习目标

(1)能够描述故障车辆维修接待流程。

(2)能够按照流程接待故障车辆。

建议学时:4 学时。

知识准备

一、维护类业务车辆的接待

在接待维护类车辆的时候,服务顾问需要关注客户车辆的使用状态、历史维修记录、历史维修建议等,根据客户车辆的使用情况建议或推荐维护项目,这样客户的接受程度较高。

一辆汽车是由上万种的零件所组成的,随着不断使用。汽车功能性用件(包括润滑油)的性能由于磨损、老化、腐蚀等因家而逐渐降低,在车辆正常行驶下,此种变化逐渐发生在许多零件上。由于没有一辆新车的使用情况完全相同,因此无法预料每个零件都有相同的磨损与老化,因此,汽车生产厂规定了汽车的检查周期,针对那些可以预料到的,随着时间或使用会产生变化的零部件进行调整与更换,这就是"定期维护",其目的就是恢复车辆的性能到最佳状况,防止小问题变成大同题,确保车辆的安全性,以及较佳的经济性与较长的使用寿命。

及时、正确的维护会使汽车的使用寿命延长,安全性能提高,既省钱又免去许多修车的烦恼。但是,时下"以修代保"的观念在司机队伍中仍旧存在,因缺保或维护不及时引起的交通事故屡有发生。所以说,及时正确的维护汽车是延长汽车使用寿命、保证行车安全的重要环节。

1.维护项目

常见的维护项目有更换发动机润滑油、更换发动机润滑油滤芯、更换空气滤芯、更换汽油滤芯、添加防冻液等,现在经销商也为客户推出很多维护产品,如燃油添加剂、发动机清洗剂、发动机养护剂等。

发动机润滑油就是发动机运转的润滑油,能对发动机起到润滑、清洁、冷却、密封、减少磨损等作用,对于降低发动机零件的磨损,延长使用寿命具有重要的意义。

发动机润滑油滤芯机是过滤发动机润滑油的部件。发动机润滑油中含有一定量的胶质、杂质、水分和添加剂,在发动机工作过程中,各部件摩擦产生的金属屑、吸入空气中的杂质、发动机润滑油氧化物等,都是发动机润滑油滤芯过滤的对象。若发动机润滑油不作过滤,直接进入油路循环,将会对发动机的性能和寿命产生不利的影响;发动机在工作过程中要吸进大量的空气,如果空气不经过滤,其中的尘埃会加速活塞及汽缸的磨损。较大的颗粒进入活塞与汽缸之间,还会造成严重的"拉缸"现象。空气滤芯的作用就是滤除空气中的灰尘、颗粒,保证汽缸中进入足量、清洁的空气。

汽油滤芯的作用是为发动机提供清洁的燃油,过滤掉汽油的水分及杂质、从而使发动机性能达到最优化,同时也为发动机提供了最佳保护。

防冻液除了具有防冻、冷却的功能,还有清洁、除锈、防腐的作用,可减少水箱的腐蚀,保护发动机,最好全年都使用。

2. 维护周期

各汽车厂商根据自己产品的特性,对维护周期及维护项目的规定各有不同。一汽大众迈腾建议的维护项目见表3-2。

一汽大众迈腾维护项目一览表

表3-2

行驶里程 (km)	机油	机滤	空气滤清器	空调滤清器	汽油滤清器	变速器油	转向助力油	火花塞	正时皮带
5000	●	—	—	—	—	—	—	—	—
10000	●	●	—	—	—	—	—	—	—
20000	●	●	—	—	—	—	—	●	—
30000	●	●	—	●	—	—	—	—	—
40000	●	●	●	—	—	—	—	●	—
50000	●	●	—	—	—	—	—	—	—
60000	●	●	—	—	—	●	—	—	—
70000	●	●	—	—	—	—	—	—	—
80000	●	●	●	—	—	—	—	●	—
90000	●	●	—	●	—	—	—	—	—
100000	●	●	—	—	—	—	—	●	—

购买新车的客户能享受到汽车厂商赠送的维护服务,但赠送的次数及内容各厂家有所不同,有些赠送一次维护服务,内容包括发动机润滑油、机滤及工时费;有些赠送三次维护服务,第一次内容包括发动机润滑油、机滤及工时费,后两次只赠送工时费。

二、故障类业务车辆的接待

1. 故障类业务车辆的接待流程

故障类业务车辆的接待流程,如图3-3所示。

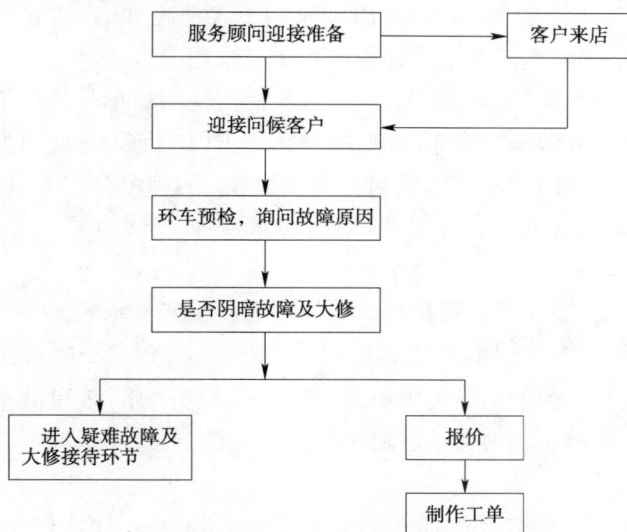

图3-3 故障类业务车辆的接待流程

故障类业务车辆的
接待流程

疑难故障及大修类车辆接待流程,如图3-4所示。

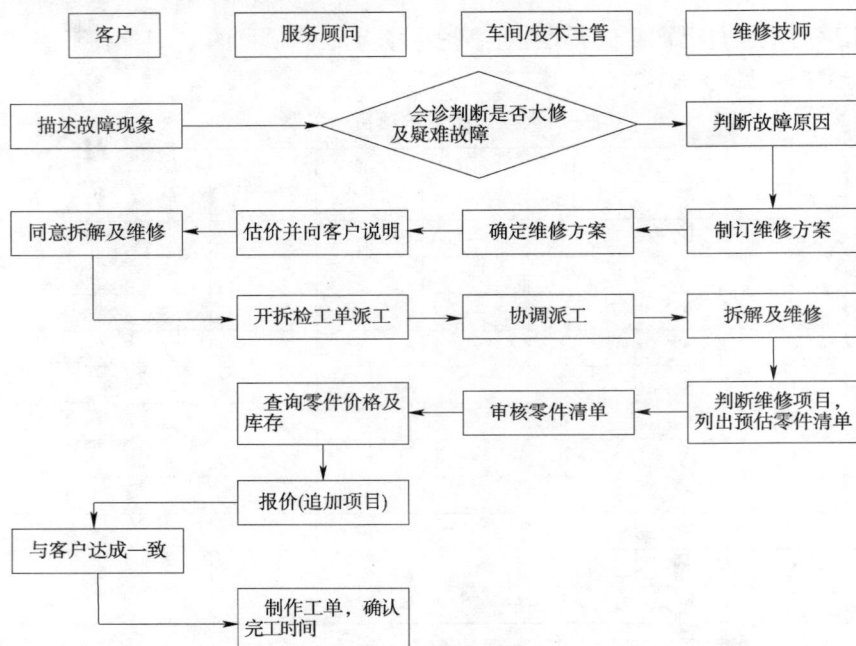

图3-4　疑难故障及大修类车辆接待流程

2.接待故障类车辆的注意事项

(1)询问故障情况。

服务顾问在接待故障类车辆的过程中,通过询问,得到对故障车辆的详细描述,这是维修技师能够快速发现故障位置和解决故障问题的前提。

服务顾问需详细询问车辆出现的故障现象、故障位置、什么情况下出现故障、故障出现时间、出现的频率、故障出现时的天气情况如何等,如果属于周期性故障,还要询问此前在什么地方维修过及维修项目等。

服务顾问在提问时不要过多地运用专业术语,而需使用简单易懂的语言,帮助客户准确地描述故障。例如客户反映车辆发生异响,服务顾问可以引导客户使用拟声词来描述异响。

服务顾问要将客户反映的故障现象如实、详细地记录在预检表中,并向维修技师描述故障现象,有时维修技师也会进一步地向客户询问故障现象。

(2)核实故障现象。

在询问故障现象后,服务顾问要根据故障情况进行核实。核实工作非常重要,因为客户并非专业人士,他的描述大多数都是凭感觉的,不能确定是哪个系统出了故障,所以只凭客户描述就制订工单的话,会将维修工作引入误区。当服务顾问遇到自己不能确定的故障或大故障车辆时,应通知技术人员一起进行核实。

(3)分析。

服务顾问根据核实后的故障现象进行初步分析,并向客户说明。此时切忌向客户下结论。

12种故障的诊断方法

常见故障及产生原因

（4）在客户同意的情况下进行作业。

服务顾问的任何工作都要在客户知晓及同意的情况下进行，所以书面认可是表示知晓及同意的最好方式，就如让客户在工单上签字一样。在大修及疑难故障中，时常会遇到需要拆检才能确认真正的故障和维修的项目及价格，这种情况下，在估价时要对客户提前说明，并必须在取得客户的书面认可后才能进行拆检作业，避免后续问题的产生。拆检完成后，结合追加项目，给客户明确报价。

三、保修索赔业务车辆的接待

汽车厂商为汽车产品（包括整车和配件）提供有条件的保修政策，这是汽车厂商对自己产品负责任的态度，不仅方便消费者，让他们放心使用。也树立了良好的企业品牌形象，出色的保修和索赔工作是营销和售后服务赢得市场的重要手段。

1. 定义

保修是指当车主在无任何违反保修条款规定的情况下，遇到有质量缺陷的零件不良或组装不当时、汽车厂商对车辆出现了质量问题给客户进行免费更换或修理的服务。

索赔是指汽车经销商根据汽车厂商的保修索赔政策对车辆出现的质量问题进行免费更换或修理，然后再针对该项目向汽车厂商提交相关信息并申请赔付。

2. 保修时间

我们在车辆配置表上都可以看到"保修政策 3 年/10 万 km"的字样，这个参数一般指该车的动力总成保修时间是 3 年或者 10 万 km。时间从车辆开具发票之日起的 3 年内或车辆行驶累计里程 10 万 km 内，两个条件以先到为准，如这辆车 2 年内开了 11 万 km 或者 4 年内开了 5 万 km，就都已过了保修时间。

各汽车厂商对保修时间的长短各不相同，如上海大众保修期是 2 年/6 万 km；长安福特、一汽大众、通用别克、日产尼桑、北京现代等都是 3 年/10 万 km，东风悦达起亚是 5 年/10 万 km。

车辆的易耗件不享受车辆的保修时间，汽车厂商会在《维护手册》中详细说明这部分内容，另外各厂家对于易耗件的保修时间也不尽相同。车辆的易耗件包括：灯泡、轮胎、刮水片、制动片、离合器片、各类滤清器、熔断器等。

3. 保修及索赔流程

保修及索赔流程如图 3-5 所示。

需要注意的是，在工作中，如果索赔专员认定对客户的维修项目是可以进行保修的，那么服务顾问按照流程给客户做好接待工作，不同的是为这次维修项目买单的不是客户，而是厂家。

另外，目前有些汽车厂商规定汽车经销商配备专职的索赔专员与厂家进行索赔的对接工作，并进行经销商保修项目的接待工作。如图 3-4 的流程中，如果索赔专员鉴定出客户可以保修，那么从通知客户开始的工作都由索赔专员负责进行，服务顾问只需与索赔专员做好客户信息的交接工作即可。

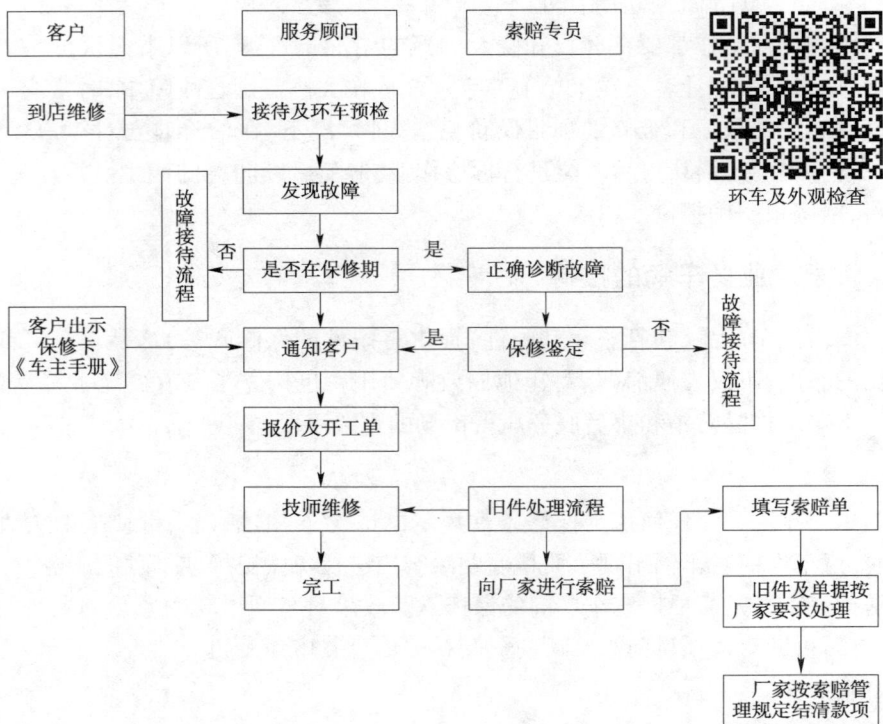

图 3-5 保修及索赔流程

而新车赠送的维护,虽然是属于索赔工作之一,但是这一工作的接待从头至尾都应由服务顾问接待。服务顾问在做好维护接待流程的同时,需要注意的是收集客户的资料,最后需交由索赔专员统一向厂家索赔费用。

客户资料有车辆行驶证、《维护手册》、维护赠送单、结算单、施工单等,应根据汽车厂商的要求进行收集。

4. 不属于保修范围的情况

以下举例一些不属于保修范围的情况,各汽车厂商会在《维护手册》中明确服务顾问到岗后,可仔细阅读该手册。

(1)汽车厂商为每位购买本品牌车辆的车主配备《维护手册》。当出现车主不具备该手册、手册印章不全或擅自涂改手册维护情况的,特约汽车经销商有权拒绝客户的保修要求。

(2)车辆因为缺少维护或未按《维护手册》上规定的维护项目进行维护而造成的车辆故障,不属于保修范围。

(3)车辆不是在汽车厂商授权特约经销商进行维修,或者车辆安装了未经汽车厂商售后服务部门许可的配件不属于保修范围。

(4)在保修期内,客户车辆出现故障后未经汽车厂商(或汽车特约经销商)同意继续使用而造成进一步损坏的,汽车厂商只对原有故障损失(需证实属产品质量问题)负责。其余损失责任由客户承担。

（5）车辆发生严重事故时，因客户未保护现场或因丢失损坏零件以致无法判明事故原因，汽车厂商不承担保修费用。

四、事故类业务车辆的接待

随着汽车保有量的增多，交通事故发生的频率增加，汽车经销商接待事故车的台次也随之增加。从经销商的角度出发，他们希望有较多的事故类车辆来店维修，因为事故车的产值较高，能增加经销商的利润。

1. 事故车的接待流程

客户车辆发生交通事故时，客户也许会主动联系汽车经销商的服务顾问、销售顾问或公司其他人员，并询问处理方式；如果客户决定让保险公司赔付时，应提醒客户先报警然后联系自己的保险公司。事故车接待流程如图3-6所示。

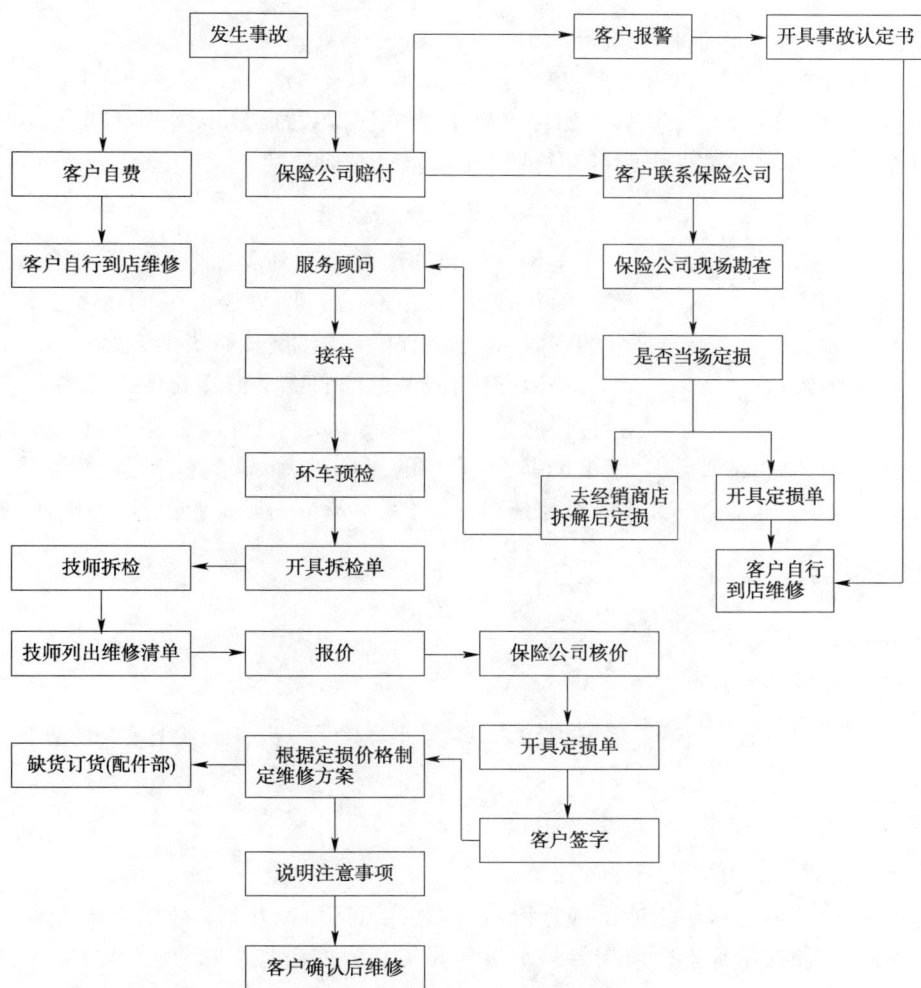

图3-6 事故车接待流程

2.事故车接待流程中的注意事项

（1）开具拆检单。

汽车经销商服务顾问在得到保险公司及客户的同意后开具拆检工单,进行拆检定损。拆检定损前需要给客户做好预估及说明,根据客户车辆现有情况以及哪些部件存在损坏并报价,拆检后也许还会发现哪些部件存在损坏并估价。

（2）报价环节。

服务顾问根据拆检后的情况,把损坏的零件清单及价格交给保险公司进行核价,保险公司会确定哪些零件需要更换、哪些零件进行维修,确定后开具定损单。

（3）根据定损价格制订维修方案及说明注意事项环节。

服务顾问根据保险公司定损单上的价格制订维修方案,并向客户说明维修方案。向客户说明的内容包含:更换的零件、维修的零件、需要订货的零件、完工的时间、自费部分等。

自费部分的产生主要有以下两种原因。

①保险公司确认维修,但客户要求更换。

②车主自行加装或改装的配件,如在事故中,客户车辆玻璃发生破碎,保险公司对车辆玻璃进行赔付,但客户在玻璃上贴的防爆膜,保险公司不予赔付。

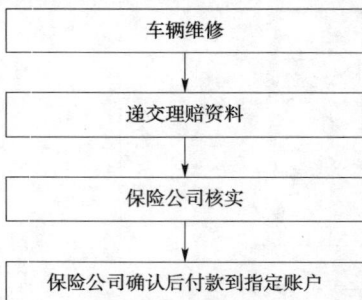

3.车辆保险理赔流程

车辆发生交通事故进行维修后,有时车主会委托汽车经销商代理保险理赔手续,所以服务顾问需要了解这一部分的内容,即车辆保险理赔流程,如图3-7所示。

该流程中,服务顾问需要掌握递交的理赔资料,理赔资料包括交警开具的事故认定书、保险公司开具的定损单、理赔申请书、保险单的复印件、车辆的行驶证、驾驶人的驾驶证、维修清单、维修发票及个人或企业银行账号。

图3-7 车辆保险理赔流程

操作指引

1.组织方式

（1）场地:实训室。

（2）工具和耗材:整车一部、车辆预检表、维修工单、打印机、笔、工作夹、计算机录入系统等。

2.操作要求

（1）严格控制各组表演及点评时间。

（2）任务下达时,要求学生能正确分析客户需求信息,讨论并制订出合理的处理方案。

（3）任务实施时,指导老师应指导学生学会收集必要的信息来帮助任务的完成,必要时给予理论知识的讲解。

（4）模拟训练时,应注意强调热情、准确、高效地完成任务,正确完成处理流程。

（5）观摩的同学应讨论模拟过程中不符合要求的地方，提出改善意见。

（6）注意保护相关道具及实训设备，自觉遵守安全操作及5S的工作要求。

任务实施

（1）将6~8名学生分为一组，并推选一位组长。

（2）根据前面的任务描述，模拟服务顾问进行环车检查及车辆预检，以组为单位，进行演练。

学习任务4 估价与估时

任务描述

客户王先生今天开着他的迈腾车前往大众4S店做维护，李想负责接待了王先生。工单开好后李想送王先生到客户休息室休息。可是，到了约定的交车时间，车辆仍然无法交付。主要原因是今天是个双休日，进店车辆太多，李想许诺王先生有免费洗车服务，但没有料到今天进店洗车的车辆实在是太多了，所以延误了交车时间。王先生很不高兴，大声吼道："能不能快点安排洗车，我赶时间!"李想错估了今天的进店量，连忙向王先生道歉。

那么，如何准确地估时与估价呢？服务顾问在进行车辆问诊环节后，需要根据客户车辆的故障情况和4S店自身情况，准确地进行估价、估时和派工，尽量减少不必要的麻烦。

学习目标

（1）能够进行估价。

（2）能够进行估时。

建议学时：6学时。

知识准备

一、估价、估时的作业流程

对即将维修的车辆进行估价、估时是服务顾问的重要工作任务之一，如何才能做好这项工作呢？

估价、估时的作业流程如图3-8所示。

（1）确定维修项目。

这一环节服务顾问的作业内容是根据问诊表、委托书所记录的车辆故障，确定大致的维修项目，并登记到派工单上。

（2）确认备件、工时价格。

这一环节服务顾问的作业内容是根据维修项目与库房沟通条件是否有库存、价格是否有变化,如果没有库存最短的补货期是多长时间等。

（3）确认工位安排。

这一环节服务顾问的作业内容是与车间主管进行沟通,确认工位,并预计维修时间。

（4）估价与估时。

服务顾问根据已了解到的信息,对维修项目进行估价、估时。

（5）制作派工单。

这一环节服务顾问的作业内容是根据所获得的信息,利用计算机售后服务管理系统制作派工单。

（6）解释维修项目。

这一环节服务顾问的作业内容是向客户解释维修项目的必要性,为下一步的维修服务的开展奠定基础。

（7）安排客户。

这一环节服务顾问的作业内容是根据客户的意愿安排好客户,并告知客户大致的维修竣工时间。

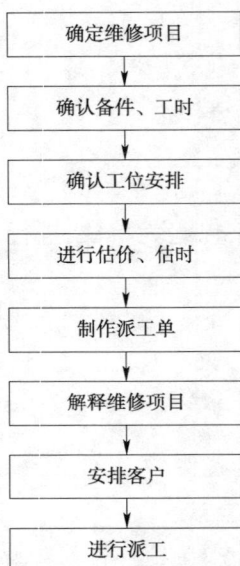

图3-8 估价、估时的作业流程

```
确定维修项目
    ↓
确认备件、工时
    ↓
确认工位安排
    ↓
进行估价、估时
    ↓
制作派工单
    ↓
解释维修项目
    ↓
安排客户
    ↓
进行派工
```

（8）进行派工。

这一环节服务顾问的作业内容是将车辆与维修车间进行交接,并填写好维修看板。

二、如何估价

车辆维修的费用通常有材料费用、工时费用及其他费用。其公式为:

$$车辆维修费用 = 材料进价 \times (1 + 进销差率\%) + 工时费 + 外加工费$$

1. 材料费用估算

汽车维修材料费是指在汽车维修过程中更换、修理的零配件以及消耗的原材料(含材料、涂料、燃油料)费用。维修用的零配件和原材料的价格应按实际采购进销差率入价格加上合理的进销差率制订。材料进销差率由维修企业自行制订。零部件和材料进销差率按规定告知客户。

（1）备件估算。

汽车是由各种零件组成的,要使汽车达到规定的使用性能,不仅对零件的材料、尺寸精度、几何精度及表面质量有要求,而且对部件总成的配合特性、位置误差或技术特性也有要求。如果不能达到规定的要求,就可能是汽车的整体性能受到影响。

①备件耗损规律。零件从开始投入到损坏,整个寿命期大致可以分为早期故障期、偶发故障期和耗损故障期。

早期故障期的特点是故障率高,且随着时间的增加会迅速下降。早期故障率多出现在1万km左右的行驶里程内。早期的备件故障多数是由于设计、修理、质量不佳或操作不当的原因造成的。应首先确认此类备件是否在保修期内,由索赔专员鉴定后再确定是否可以索赔。如果该故障在同系列车型中多次出现,则可能是设计或厂家的备件缺陷,服务顾问要做好详细记录,向厂家反馈意见,由厂家决定是否需要进行汽车召回。

偶发故障期的故障率较低而且备件性能相对稳定。偶发故障多是由于材料故障或偶然因素引起的。偶发故障期多出现在 6 万 ~ 8 万 km 行驶里程内,一般以超出备件索赔保修期,是备件正常使用的时期。保持备件正常运行的时间长短标志着备件质量的优劣。在这一阶段发现故障,就需要服务顾问进行测算,是修复还是更换。一般在征求客户同意的情况下,如果维修工时费不超过更换成本的三分之一,则可以考虑修复,如果超过则要考虑更换。

耗损故障期是汽车备件使用的后期,某些零部件已经老化耗损,故障率随着时间的延长迅速上升。此类故障一般多出现在 6 万 ~ 8 万 km 以上行驶里程。有些汽车部件由于多种原因,耗损严重,已失去修复价值,多以更换为主。

②服务顾问进行备件估价时所需注意的事项。

a. 服务顾问要能够熟练查阅被检目录,在进行估价之前一定要在网上备件管理系统查询或与零件库房确认备件名称、备件编码与备件单价后,方可向客户报价。

b. 服务顾问在报价时要逐项告知客户备件更换或维修的原因和必要性。

c. 如果发生备件缺货的情况,首先要同零件库房确认能够到货的正常时间及最短时间,然后征求客户意见,是预约等待还是加急催货。

d. 如果加急,则客户要另外承担加急费用。

(2)辅助材料费用估算。

汽车维修辅助材料是指在汽车维修过程中,被共同消耗掉的一些其他材料,或者难以在各维修作业之间划分的材料。计算时一般按照材料消耗定额进行计算,也可按照维修作业时的工时定额乘以每定额小时辅助材料费用加以确定。各工种在维修作业时领用的低值易耗品、通用紧固件或工具等应包含在工时内,不另收费,比如纱布、锯条、钻头、开口销、通用螺钉、螺母、电工胶布等。

2. 工时费的估算

汽车维修工时费是指维修工人在维修时需要的时间和费用。在实际工作中,汽车服务企业对外多以工时定额及单价向维修客户计费;对内则多以完成的定额工时,作为班组或技工个人计核其提成收入的依据。

工时费的计价公式:

$$工时费 = 工时定额 × 工时单价 × 该车型的技术复杂系数$$

其中,车型技术复杂系数有的地区不采用。

(1)工时和工时定额。

工时不等于施工时间。它是一个综合概念,一般说来维修工时包括维修准备时间、车辆故障诊断时间、实际施工时间、试验时间、调试时间、场地清理时间等,简明来说,即包括生产工时、管理工时、仓储工时和整个行业社会劳动必要时间等。工时定额也可称"时间定额",是完成一定工作量所规定的时间消耗量。工时单价由维修企业根据本企业的技术条件、服务质量和市场需求自主定价,并按规定明码标价。无论工时单价规定多少,工时费都应包含以下内容:上交给国家和地方税务部门的税金,经营、生产与管理的固定成本,经营、生产、管理费用,以及应完成的利润等。

（2）工时费的估算方法。

①整车大修工时费的估算方法。

对整车大修，使用的计核方法主要有三种。

a. 定额制。即完全按企业所在地颁布的定额标准中该车型的整车大修定额计核，所涉及的配件、材料费用另行加计。

b. 合同制。即采用各工种、工序的工时与配件、材料包干，限额计费，其具体内容由企业和客户协商确认后，在派工单中写明。

c. 混合制。即一些工种（如发动机、底盘各总成与电器系统的维修）采用按地方颁布的工时定额计核。混合制计核方法适应了不同修复难度和不同涂装用料、工艺要求的具体情况，故应用较为普通。

②总成大修工时费的估算方法。

总成大修一般均按定额制计核工时费，但应该注意以下两点：

a. 目前汽车不解体检测及诊断技术尚不够完善，还无法在修前检测中精确判定总成内部零件的磨损或损坏程度。故向客户报修维修确定维修作业项目、下达派工单时，应留有余地，即应说明将总成解体，进行零件检验、分类后，方能最后确定零件（特别是曲轴、汽缸体等重要部件）的更换方案。到时应请客户到企业现场予以确认后，共同认定零件更换方案，并在合同中予以确认。

b. 对于正常大修中的一些加工（如发动机总成大修时的镗磨汽缸、磨修曲轴等），如果企业缺乏加工设备需采用外协加工，由于该加工费已包含在总成大修工时费中，虽然企业需另支付加工费，但不再向客户另计收取。

③汽车维护工时费的估算方法。

汽车维护一般均按额定计核工时费，但在维护过程中应注意划清维护与附加小修（含故障排除）作业项目的界限。在维护中发现了故障、隐患，需作小修处理的，应当及时通知客户，共同确认小修作业项目。

④汽车小修工时费的估算方法。

汽车小修的工时计核，比前面的维修项目更为复杂，故应首先进行分类。按照专业特点，我们把小修工时计核方法分为直接计核法、综合作业法和故障诊断法三类。

（3）辅助定时确定。

在汽车作业中除包括更换工时、拆装工时、修理工时外，还应包括辅助作业工时，通常包括：

①把汽车安放到修理设备上并进行故障诊断。

②用推拉、切割等方式拆卸破损的零部件。

③相关零部件的矫正与调整。

④去除内漆层、沥青、油脂及类似物质。

⑤修理生锈或腐蚀的零部件。

⑥检查悬架系统和转向系统的定位。

汽车小修工时费的估算方法

⑦拆去打碎的玻璃。

⑧更换防腐材料。

⑨当温度超过60°时,拆装主要控制模块。

⑩拆卸及安装车轮和轮毂罩。

3. 外加工费

外加工是指受本企业有关技术条件限制,在维修过程中需委托其他企业进行加工或制造的零配件,如在维修中进行喷镀、电镀、热处理、安装生活电器(如音响、冰箱)以及实施特殊加工工艺等,费用按外加工单位发票金额为准。凡属于规定的维修项目以外的,一律不得以外加工形式重复收费。

三、如何估时

汽车维修作业的时间,不仅与客户所感受到的服务质量有关,而且与企业的业务额也成比例,因此,能否准确地估算时间是服务顾问的专业技能之一。

1. 维修时间的构成

维修时间与工时不同,维修作业时间是客户车辆维修的时间,而工时则是车辆维修劳动量的测定方式。维修作业时间由主体作业时间和准备时间组成,如图3-9所示。

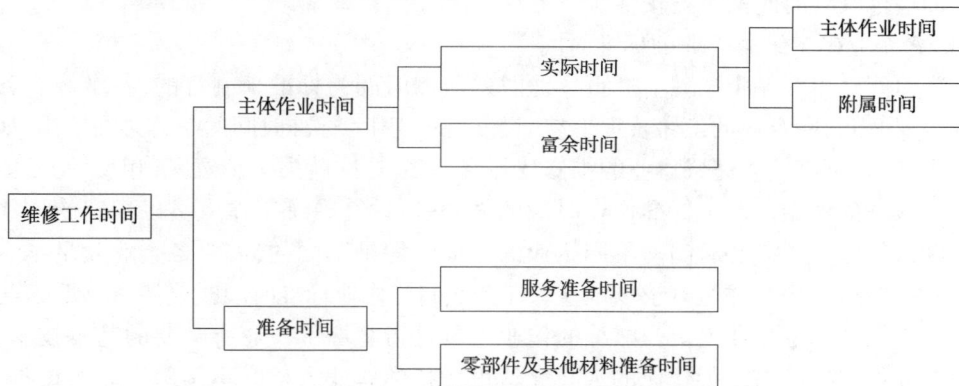

图3-9 维修时间的构成

(1)主体作业时间。

维修作业的主体时间是维修技师维修车辆的实际工作时间,由实际时间与富余时间组成。

①实际作业时间,包括主作业时间与附属作业时间。主作业时间是维修技师直接接触车辆进行作业的时间,包括故障诊断时间与维修作业时间。主作业时间的长短取决于维修技师的技术水平、维修习惯与精神状态。附属作业是指伴随着主作业产生的作业时间,如取用零部件及工具的时间,检查时维修技师的位置移动、升降机的升降、维修质检所耗费的时间,以及维修后的洗车时间等。

②富余时间,是指维修作业之前不可避免的延迟。各工序间交接时存在很多不可避免的延迟,如服务顾问与维修技师之间、质检人员与维修技师之间、维修过程中不可避免的

拖延等,都可能造成时间上的延长。

(2)准备时间。

准备时间是指进行主体作业前、后所必需的时间。服务准备时间包括服务顾问与客户的协商时间、车辆移动的时间、文件记录的时间、维修工具和备件的准备时间、维修完毕后的收拾时间等。

2.时间的估算

在实际工作中,维修时间的估算与企业的作业流程控制技术、服务顾问的接待能力、维修技师的技术水平、备件供应的及时性有关。由于上述因素的不确定性,需要的富余时间也不同;服务顾问对业务的熟练程度及当时的心理状态不同,服务所需的时长也不同;维修技师的技术水平与工作态度不同,所需的工作时间也可能不相同;备件库的管理水平不同,备货,补货,调配的能力也不尽相同。上述种种原因,使得服务顾问在进行维修时间的估算仅能凭经验而定,切随机性也很大,这就给服务顾问对维修服务时间的估算带来极大的难度。因此在实际工作中,如果维修时间不能相对准备地约定,很容易导致客户不满,同时也可能会由于时间的问题引发对其他服务的不满意。因为时间问题而导致客户的投诉不胜枚举。

因此在估算时间时,服务顾问首先要告知客户预计的时间并不是确定值,其次要从以下几个方面考虑来对时间的进行预估。

(1)各企业确定维修作业的标准时间。

标准时间是以在一定条件下进行作业时的所需时间为标准来制订的,各维修服务工序所需的必要时间,在企业的工序管理中有"尺度"的作用。标准时间的制订必须恰当,如果定的标准太高,则不能按时完成作业的维修技师将增多,标准就失去了意义,相反,则不能起到提高生产效率的作用。确定标准作业时间的方法是:计算熟练工作人员以规定的方法和正常的速度进行作业的必要时间。不同企业的标准时间是不同的,需要各企业立足本企业实际,制订标准作业时间,并适时予以调整。在企业制订作业标准时间时要注意以下三点。

①要选用熟练的作业人员。熟练的作业人员是指掌握了作业所必要的基本技术,且能够按照企业作业标准书进行作业的人员。这里所指的作业人员既不是新入职的员工,也不是经验丰富的员工,最好是在店工作三年左右的员工。

②规定的工作流程与方法。在进行标准时间确定的作业时,企业一定要先行制订维修服务流程中各岗位的标准作业步骤指导书,并严格按照作业标准书的要求,以及正确的维修工作使用方法进行作业。

③正常的速度。是指作业人员在进行作业时保持平稳的作业速度。作业时要确保安全性和正确性,而不可有意识地加快速度。

(2)确定备件供应时间。

每天都会有车辆来店维修,而车辆出现故障的原因是多种多样的,可能涉及每一个备件。如果服务企业每一个备件都有库存,都能够满足供应,不仅会占用大量的资金,而且也没有必要——不同备件耗损的可能性是不同的。如果进行作业时,库存没有备件,就会影响客户的维修时间。虽然等待备件的时间并不等于维修作业时间,但对某一位客户而言,一旦服务顾问进行完车辆问诊,之后的所有时间顾客均认为是服务等待时间。

因此,服务顾问在进行估时之际,要确认备件是否有现货,如果无现货,要按下列方式处置:

①备件管理部门要制订易损件与日常备件的正常供货周期、调货周期以及在应急情况下的最短供货周期以确保服务顾问能够答应客户可能提出的异议。

②服务顾问在确认备件管理部门的供货时间后及时告知客户,由客户决定是否继续承修,如果客户承修则按下列原则处置:

a. 备件当日能够到货,则要求客户等待,并按照服务流程为客户提供相关的便利服务。

b. 如果备件当日不能到货,则应预收客户备件定金,约定客户下次来店时间,将客户转为预约客户。

c. 如果车辆已经上工位开始维修才发现备件无货,则应在约定的交车时间之前告知客户备件供应状况。服务顾问首先要向客户致歉;其次要告知客户时间变更情况;第三要为客户提供其他的交通便宜条件,以免影响客户其他时间;最后要与客户约定变更后的交车时间,将客户转为预约客户进行相关管理。

d. 如果客户要求按照紧急供货的时间进行供应,则要告知客户需要加收运费,当日不能完成的维修作业可以重新约定交车时间,并转入预约作业管理流程。

③如果改备件供应周期长,而客户要求时间紧迫,在企业维修技师能够达到的技术条件下,向客户推荐选用备件修复的方式进行作业。在客户同意的情况下,更换件转为修复先行使用,然后将客户转为预约客户。

(3)关于洗车所需的工作时间。

随着汽车行业服务水平的提高,洗车也渐渐成为修完车后交车之前的必要程序之一。严格来讲。洗车并不是维修作业流程的必要步骤之一。洗车会给客户带来企业服务细心的好印象,但同样也导致了服务时间的延长。必须明确的是洗车与否决定权在客户。服务顾问在洗车前一定要征求客户的意见,向客户解释可以免费清洗车辆及可能需要的时间,在客户同样后再行安排。

(4)估算维修作业排队等候时间。

并不是一旦服务顾问完成接车,该车就能够马上进行维修。因为服务企业的工位数是有限的,所以可能出现维修排队等候的情况。这时服务顾问就需要与车间主管进行协调,按照先后顺序的原则,明确告诉客户所需排队等候的预计时间,如果客户要求按照绿色通道的要求提前排车,则需按照企业的相关规定办理。

四、制作派工单

服务顾问进行完估价、估时环节的内部作业后,就需要打印派工单并向客户解释维修服务项目,并进行维修项目的确认,安排好客户后下达派工单。

1. 派工单的内容

派工单通常为计算机出单,是汽车服务企业进行车辆维修与内部管理的重要文件之一,见表3-3。

汽车维修派工单　　　　　　　　　　　　　　　表 3-3

服务中心：　　　　　　　　　　日期：　　　　　　　　　服务时间：

客户信息	客户　送修人		备注	地址		联系电话	
车辆信息	车牌号	车型		VIN	发动机号		行驶里程
作业信息	车辆送站时间			付款方式 □现金　□信用卡　□其他		旧件是否带走 □是　□否	
互动检查	是否有贵重物品 是　否		油箱油量	□空　　□<1/4 □半箱　□<3/4　□满箱			

车身状况漆面检查,损伤部位下图标注	客户故障描述
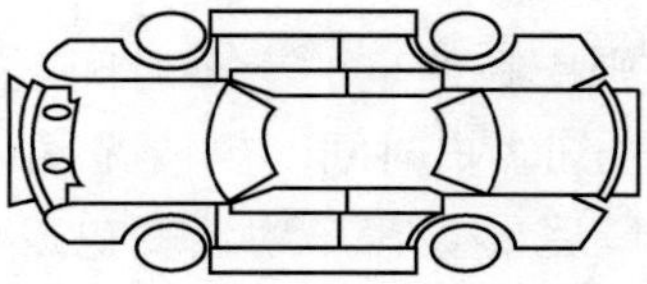	

检查结果	
车身检查	
车内检查	
发动机舱	
底盘检查	

维修项目	维修项目	备件	索赔	材料费	工时费	小计	维修人	检查人
			是　否					
			是　否					
			是　否					
			是　否					
			是　否					
			是　否					
			是　否					
	预计交车时间：		费用小计					
	预估费用：		客户签字：					

新增维修项目	维修项目	备件	索赔	材料费	工时费	小计	维修人	检查人
			是　否					
			是　否					
			是　否					
			是　否					
	新增维修时间：		费用小计					
	新增维修费用：		客户签字：					

预估交车时间		预估费用	工时费	总计	
			材料费		

客户评价	□满意	□不满意	不满意原因:□服务态度　□维修质量　□备件保供 　　　　　　□服务质量　□维修时间　□维修费用		
质检员签字			实际交车时间：		

备注:此表一式三联,客户,维修,财务各一联。

（1）派工单的作用。

①派工单是客户与企业之间在维修和预期费用方面达成的协议,它明确了双方在维修服务过程中的权益,如果双方发生争议的话,派工单是最有法律效力的重要文件之一。

②派工单记录了维修企业对客户车辆故障处理的详细说明,最维修技师对车辆进行维修的依据。

③派工单是企业内部的重要管理文件,通过派工单可以对维修技师的工作进行统计管理。

（2）派工单上的主要信息。

①车辆基本信息:牌照号、车款、车型、颜色、车辆识别码、发动机号。

②客户基本信息:姓名、详细地址、联系方式。

③车况基本信息:车辆行驶里程。

④维修日期(要具体到年、月、日、时、分):车辆接受日期、预计完成的维修时间。

⑤维修项目:要将针对车辆故障的处理方式均体现在派工单上,包括标明备件情况(明细、件数、价格),维修方式(维护、修理、更换),待定项目,以及预计工时单价与定额。

⑥客户信用等级。

2. 确认派工单

派工单打印完成后,服务顾问要向客户逐项解释维修项目,并告知客户预计费用。

如果客户对维修项目及费用提出异议,服务顾问要向客户解释维修的必要性,但是否维修的决定权在客户。如果客户不予维修,则服务顾问应在派工单上注明不予维修。

服务顾问要告知客户预约维修时间,预计的维修时间包括排队等候时间、维修作业时间与洗车时间。在进行维修时间的解释时,三个时间段应逐一介绍。其中排队等候时间为可控时段,如果客户不愿等候这一时段,则服务顾问可与客户协商转为预约客户。如果客户时间紧迫,则可在客户同意的情况下不进行洗车作业。维修作业时间为不可控时段,要告知客户如果维修项目出现变更,则时间也随之变化;洗车时间为可控时段,服务顾问要征求客户意见确定其是否洗车。

服务顾问要告知客户此时的费用和时间均为预计,在维修过程中如果有变化,会与客户及时进行协商。

服务顾问要询问客户付款方式,客户可能选择的付款方式有现金、支票、汇款及信用卡。如果客户不是现金付账,则服务顾问要告知客户公司有关付款方式的规定,以免作业完成后由于付款方式的问题产生争议。

派工单一式三联,客户与服务顾问均须签字方可生效。客户一联,维修小组一联,服务前台一联。

3. 进行客户安排

派工单签字生效后,服务顾问首先要进行客户安排,询问客户等修的方式。

客户安排

（1）客户要求离店。

如果客户要求离店，则服务顾问要为客户离店提供便利并与客户约定维修作业完成后的联系方式。客户离店时服务顾问可以为客户提供便利的方式有：

①如果客户活动区域在市区内，则征求客户意见后为客户联系出租车。

②如果客户活动事项较多，则询问客户是否需要待用车。年维修营业额在600万元以上的企业可以自备2~3台待用车，而一般的企业则可通过租赁公司来为客户提供便利。

③如果客户为远途，则服务顾问要询问客户是否需要代为预定旅店，从而为客户提供便利。

④如果客户提出离店后不方便再次来店，则服务顾问可建议客户接受取送车业务，并填写取送车业务登记表。

⑤如果客户表示不需要其他帮助，则服务顾问应恭送客户离店。

（2）客户在店等候。

如果客户提出在店等候，则服务顾问要根据客户需要等待的时间进行安排：

①若客户的维修等待时间在2h内，则服务顾问将客户引导至客户休息室，并请休息室服务生提供便利服务。

②若客户等待时间过午，则服务顾问要根据企业情况，征求客户意见后代为安排午餐。

③若客户等待时间超过2h，则服务顾问要询问客户意见，是否有其他事项安排，并尽可能提供便利。

④若客户等待时间过长，当日不能完成，则服务顾问应建议客户离店，并为客户离店提供便利。

操作指引

1. 组织方式

（1）场地：实训室。

（2）工具和耗材：整车一部、车辆预检表、维修工单、打印机、笔、工作夹、计算机录入系统等。

2. 操作要求

（1）严格控制各组表演及点评时间。

（2）任务下达时，要求学生能正确分析客户需求信息，讨论并制订出合理的处理方案。

（3）任务实施时，指导老师应指导学生学会收集必要的信息来帮助任务的完成，必要时给予理论知识的讲解。

（4）模拟训练时，应注意强调热情、准确、高效地完成任务，正确完成处理流程。

（5）观摩的同学应讨论模拟过程中不符合要求的地方，提出改善意见。

（6）注意保护相关道具及实训设备，自觉遵守安全操作及5S的工作要求。

任务实施

（1）将6~8名学生分为一组，并推选一位组长。

（2）各组自己设计情境,组长组织组员讨论并编写演练剧本,从每组中抽选 2~3 名学生进行制单(估计与估时)的角色扮演。

（3）演练完成后,先由组内其他同学提出看法及建议,再由其他组别观摩的同学提出看法及建议,最后按照表 3-4 进行评价。

评 价 表   表 3-4

序号	评 价 内 容	满分	自评得分	互评得分	教师评分	综合得分
1	请客户到前台办理维修手续	10				
2	请客户落座并递送茶水	10				
3	全面询问客户进店需求,结合预检结果提出车辆维修建议	10				
4	总结确认维修项目	10				
5	告知费用及作业时长	10				
6	可能的追加作业提醒	10				
7	制作电子工单	10				
8	请客户再次确认作业项目、费用及时长	10				
9	打印工单并请客户签字	10				
10	安排客户休息	10				
	总　　分	100				

任务小结

制单(估价与估时)是整个维修流程当中最核心的工作,维修工单具有一定的法律效力,因此整个工单的制作应该严谨有序,工单的制作必须建立在与客户充分沟通基础之上,征得客户同意并签字后才能正式生效。

价格的估算要根据车辆的实际情况来确定,同时要考虑客户的可承受能力。时间的估算往往充满变数,必须事先给客户讲清楚。

项目四　维修增项处理

任务概述

在汽车维修的过程中,有时会发现新的维修项目,这就是汽车售后维修服务顾问常说的增项处理。维修增项服务是指在汽车售后维修服务顾问派工单完成之后,针对车辆维修或者客户需求追加的服务作业,增项处理考验汽车售后维修服务顾问对车间与客户之间的协调能力。在维修过程中,维修服务顾问要随时注意维修进度和客户需求,适时进行服务产品销售。处理好维修增项,有助于满足客户需求,提高企业运营效率。

增项处理的水平直接反映汽车售后维修服务顾问的业务水平,汽车售后维修服务顾问要做好增项处理工作,涉及应该如何监督维修作业进度,如何与客户沟通可能产生的增项等任务。

学习任务

1. 维修进度监督
2. 增项作业处理

学习任务1　维修进度监督

任务描述

客户王先生的迈腾车已经在维修车间进行维修了,突然,汽车售后维修服务顾问李想接到维修技师的消息,发现王先生的爱车制动片已经磨损到了极限,急需更换。李想立即到维修车间了解情况,随后又与客户沟通,确定增项业务,完成签订任务委托书等工作。李想是怎样完成增项任务呢?

学习目标

(1)熟悉和了解维修作业的各个环节。
(2)能够分析影响车间工作分配的因素。
(3)能够监控作业进度。
建议学时:4 学时。

知识准备

一、汽车售后维修服务顾问相关控制指标

能够有效地进行维修作业的监控,及时与维修班组进行沟通,提高工作效率,是维修作业过程中汽车售后维修服务顾问的主要职责之一。下面我们来看看有哪些控制指标是与汽车售后维修服务顾问工作直接相关的。

1. 平均日维修台次

日平均维修台次是指企业平均每个工作日到达车间的所有车辆数。既包括收费维修的车辆也包括免费维修的车辆。日平均维修台次与时间安排、设备生产率、技师维修水平有关。在一定限度内维修台次越多说明经营状况越好,台次太多,则可能导致维修质量得不到保障,维修台次太少,则说明维修能力不能充分利用。

2. 平均工单金额

如果维修企业的每月毛收入为 30 万元,每月维修 600 辆,则平均工单金额为 500 元。在大多数情况下,月平均工单金额高表示生产率高和利润高,通常对车辆的检修也比较全面,而月平均工单金额低,则表示可能存在较高的返修率,影响生产率。

如何计算平均
工单金额

3. 人工搭配

人工搭配是指工时费在总销售额中所占的百分比与配件销售在总销售额中所占的百分比相比较所产生的比例。人工费在总销售额中所占的比例越高,表示利润水平越高。

4. 维修技师工作效率

维修技师工作效率是指技师完成的一项具体维修服务标准时间与技师完成该项工作的实际使用时间的关系。销售工时是用工时数乘以工时费率,以确定在实施维修、更换部件或整体部件或整套维护上,客户应支付的人工费用。完善的管理水平工作态度与技师效率有相当密切的内在联系。技师工作效率越高,企业的利润水平就越高。

5.维修车间生产率

维修车间生产率是指计价工时(或发票上的工时)与可销售工时(技师在现场并可以工作的时间)之比。生产率和技师的能力水平有关的,直接影响企业的盈利水平。

6.返修率

返修率是指单位时间内竣工车辆返修车次与总维修台次之比。返修率与维修技师的技术水平直接相关,返修率越高说明企业的维修技术水平越低,反之则越高。

7.客户满意度

客户满意度是指客户通过对一种产品可感知的效果与其期望值相比较后得出的指数。关联服务能够到位等,客户满意度越高,说明企业服务能力越强,反之则弱。

二、影响车间工作分配的因素

汽车售后维修服务顾问通过车间主管或车间调度下达派工单。下达派工单时要考虑车间的维修负荷。在车间维修负荷方面,主要考虑车间的工作分配。影响车间工作分配的三个因素包括时间、人员和维修设备。

1.时间

(1)可用工时。

可用工时是指汽车维修企业维修岗位可以用来支配的工作时间。汽车售后维修服务顾问在接车前,要明确售后有多少工时可用。

(2)每项工作的维修作业时间。

可用工时的计算方法

汽车售后维修服务顾问要明确各项维修服务所需的标准工时。把工作接收进来的时候,特别是在预约的时候,对于能承受多少工作,目标是多少,都要心中有数。如果承接的太多就会超过可用工时,就会引起各方面的混乱。

(3)有多少时间可以用来预约。

虽然预约作业对企业与客户之间都有很大益处,但是并不是所有的时间都可以进行预约作业的。毕竟客户故障是随机的,而维修作业也有很多不确定的因素,因此很难有准确的时间来安排预约作业。要确定可用于预约的时间多少,就需要先确定可用工时有多少。

2.人员

(1)确认当天维修人员数量。

汽车售后维修服务顾问要确认当天有几个维修班组在上班。要知道车间有多少人在上班,就要先与车间主任沟通好,每天在维修进度板上把上班的人员和没有上班的人员都表示出来,这样才可以一目了然,知道有多少人在上班、有多少人能承接新的工作、有多少人耽误在前一日还没有完成的工作上。

(2)维修技师的能力。

汽车售后维修服务顾问要熟悉各个维修班组技师的维修能力以及工作的效率,要对每一个维修技师的工作能力及技术状况要心中有数。汽车售后维修服务顾问在派送工单时,如果有一项工作交给一个不能胜任的维修技师,就会影响工作的速度效率,而且影响工作质量。如果擅长维修发动机的维修技师分配去修自动变速器,就会使工作效率降低,工作质量也不会好。所以,必须把工作分配给能够胜任这项工作的维修技师去做,才能把这项工作完成的质量又好又快。

（3）考虑维修班组维修作业的难易程度。

汽车售后维修服务顾问在下达派工单时,还要考虑最近谁被分派了容易的工作,谁被分配了不容易的工作。在派工时一定要做到相对的公平,不公平的工作分配往往会引起内部矛盾。

3. 维修设备

（1）确认维修工位的使用情况。

汽车售后维修服务顾问要确认维修需要用到什么设备,该设备有没有被占用。例如,客户到来之后需要用到故障诊断仪,但是就在这辆车的预约时间之前,故障诊断仪已经被预订出去,有其他车辆需要使用,而且使用的时间比较长。这样就会使客户等待很久。为了避免这种情况发生,一定要确认设备能否按时使用。

（2）设备的工作状态。

汽车售后维修服务顾问要确认设备是否处于良好的待用状态,需要使用的专业工具是否能够正常使用。比如说维修技师在维修自动变速器的过程中,发现有些工具被损坏或缺少了,是丢掉了、遗失了还是别的店借用了? 什么时候能够到位? 这些看似小问题,如果不能确认,将严重影响客户的空白等待时间,导致客户满意度下降,甚至引起投诉。

（3）维修作业中需要专用工具或设备。

对于有些比较专用的工具,如故障诊断仪、自动变速器油压测试仪、测试底盘异响工具等,在预约车辆时候就要知道这些工具能不能使用。

三、维修作业进度的监控

维修服务是以生产作业的派工为依据,合理组织企业的日常生产活动。汽车售后维修服务顾问要准确地掌握维修作业状态,对维修进度进行监控。要完成好维修进度监控,主要从三方面着手。

1. 要掌握和熟悉各类维修作业的工作流程

（1）日常维修维护作业跟踪。

根据日常维修作业流程来看,跟踪作业时要注意三个时间段:一是开工半小时左右汽车售后维修服务顾问要注意检查进度,因为维修技师检查出新的问题、备件供应出现意外均在这段时间内。二是预计时间过半,要确认维修是否进入自检环节,观察并询问维修技师是否有意外情况发生,因为这段时间大概可以判断出是否能够按时交车。三是接近预计时间要进行跟踪,因为此时多数车辆已进入竣工检验期,汽车售后维修服务顾问此时要进行跟踪,有利于汽车售后维修服务顾问在接下来的交车环节占据主动地位。

（2）事故车维修作业的跟踪。

事故车维修作业流程的跟踪节点主要有:汽车售后维修服务顾问要与零件库房沟通事

故车的备件是否均已到位？关注维修过程进行到哪一阶段？钣金作业是否完成？是否开始进行复位？是否开始喷涂？每日不少于4次观察维修进度，并根据进度情况与维修技师沟通，了解可能的交工时间；完工后首先与保险公司确认作业完成，其次与交警部门联系该事故是否已经结案，最后保险公司与交警部门确认后，方可通知客户作业完成。

（3）品牌故障车的跟踪。

品牌故障车维修作业的控制节点除去时间段外，需考虑故障维修的次数和零部件保修期内索赔件的鉴定。汽车售后维修服务顾问对可能出现索赔的故障车要进行维修过程的监督，并要注意与索赔员沟通，了解索赔情况，并及时通知客户。

（4）紧急救援维修服务的跟踪。

紧急救援维修服务的控制节点在抢修作业的前期安排上，能否按照与客户约定的时间到达目的地是服务的关键所在。

2. 有效利用维修作业看板

维修作业管理看板是企业现场管理的重要手段之一。多数企业采取现代化管理方式，维修服务企业设有电子维修作业管理看板（表4-1），车间主管、维修技师、汽车售后维修服务顾问通过作业管理看板实现了可视化沟通，从而减少了生产组织的混乱。

维修作业管理看板　　　　　　　　　　表4-1

序号	维修技师	派工单号	接车时间	车牌号	维修状态	预计交车时间	汽车售后维修服务顾问	备注

（1）汽车售后维修服务顾问在将车间派工单交给车间主管指定的维修小组后，随即将相关信息登记到维修作业看板上。

（2）维修作业管理看板由汽车售后维修服务顾问填写，现多数企业采用电子显示屏。

（3）维修作业管理看板的作用在于实施管理，因此，如果作业有变化，一定要及时更新。

（4）同一组跟进作业的时间衔接安排上要留有15min左右间隔，以避免意外情况发生。

（5）每位维修技师可安排一位排队待修的客户，如果有更多的客户需要排队，则要等到在维修作业完成后方可填写到作业看板上。

（6）如果日维修车辆达到40台次左右，则企业需要设置专门的调度员进行作业安排和引导，并协助汽车售后维修服务顾问填写维修作业管理看板。

3. 定时巡查，及时与车间沟通

汽车售后维修服务顾问巡查的方式，了解维修进度，并主动与车间主管、维修技师、索赔员及客户进行沟通。

（1）定时巡查。

通常维修接待每隔1h到车间巡查一次，巡查的主要目的是：

①汽车售后维修服务顾问要到工位上去看一看所派业务车辆的维修进度如何。

②汽车售后维修服务顾问要与维修技师沟通,了解故障排除情况以及有没有增加服务项目。

③要与车间主管沟通,了解排队客户的派工情况,是否还可以承受新增加的维修任务等。

④汽车售后维修服务顾问要及时将客户新增加的服务项目告知维修技师,以免发生服务漏项。

⑤汽车售后维修服务顾问在巡查过程中发现维修及时有不符合要求的维修操作方式,要及时反馈给车间主管,以免发生意外。

⑥如果客户的故障车辆在保修期内,汽车售后维修服务顾问还需与索赔员进行沟通,了解客户车辆的索赔情况。

(2)汽车售后维修服务顾问必须巡查的两个阶段。

如果汽车售后维修服务顾问工作比较繁忙,那么最少在下面的两个时段必须到车间巡查:

①汽车售后维修服务顾问在上午11点左右必须到车间巡查。

②下午两三点必须到车间巡查。到了这段时间必须进车间看的原因是,很多工作都应该完成了,这时候再跟车间沟通,就可以知道是不是能够正点交车。如果不能正点交车或者出现意外情况,也可以在这个时候及时通知客户。如果通知客户太迟,比如客户来取车时,才告诉他今天不能拿车,会严重影响客户的满意度。

为什么要在11点巡查

操作指引

1. 组织方式

(1)将6~8名学生分为一组,并推选一位组长。

(2)以本学习任务描述的情景故事为背景,设计维修进度监督的案例。

(3)设计完成后,在汽车售后维修服务顾问仿真实训室内,从每组中抽选2~3名学生扮演维修作业进度监控的角色。

(4)演练完成后,先由组内其他同学提出看法及建议,再由其他组别观摩的同学提出看法及建议,最后由老师总结评价。

2. 操作要求

(1)每组演练及点评时间总共不超过15min。

(2)情景演练需要整车一台、各类表格及汽车售后维修服务顾问仿真操作系统。

(3)注意车身漆面的保护。

(4)自觉遵守安全操作及5S的工作要求。

任务实施

(1)根据前面的任务描述,模拟服务顾问维修进度监督,要求处理过程中能够及时与客户进行沟通,三人为一组,任务考核工单见表4-2。

任 务 考 核 工 单

表 4-2

任务编号:	任务名称:维修进度监督			成绩	
				学时	
姓名		学号	班级	组别	
能力目标	(1)查看车间进度情况及工位分配情况; (2)及时查看和更新维修作业管理看板; (3)在个数的时间节点与维修技师沟通,得到最及时的车辆维修情况,并反馈给客户				
设备、工具准备	展示车辆、相关服务单据、车辆五件套、接待台及模拟服务系统、茶饮				

	任 务 标 准	完 成 情 况	
		完成	有待改善
考核指标	**礼 仪 规 范**		
	服饰整洁、精神饱满		
	微笑、自然、语气亲切		
	主动、迅速、仪态稳重		
	用语礼貌、语速适中		
	沟 通 技 巧		
	耐心倾听		
	提问及接待时机准确		
	有书面记录,且总结归纳客户提问		
	自我介绍		
	工 作 流 程		
	填写维修作业看板		
	定期巡查		
	更新维修作业看板		
	及时与客户沟通		

考核结果	礼仪规范	5	4	3	2	1
	沟通技巧	5	4	3	2	1
	工作流程	5	4	3	2	1

（2）任务下达时，要求学生能正确分析车间工作时间、人员、维修设备等情况，讨论并制订出合理的处理方案。

（3）任务实施时，指导老师应指导学生学会收集必要的信息来帮助任务的完成，必要时给予理论知识的讲解。

（4）模拟训练时，应注意强调热情、准确、高效地完成任务，正确完成处理流程。

（5）观摩的同学应讨论模拟过程中不符合要求的地方，提出改善意见。

任务小结

在工作进度监督环节，汽车售后维修服务顾问要随时掌握维修车间的工作进度，预计可能出现的变数，以便在客户追问时能够准确地答复。所以在汽车售后维修服务流程中，务必要适时查看维修进展情况，合理调配资源，保证工作进度，让客户放心。

学习任务2　增项作业处理

任务描述

李想在维修车间了解到某客户正在进行维修的车辆制动片磨损严重，此时维修时间已经过去了45min，李想立即奔赴客户休息室，看到客户虽然在休息室内看着电视，但是仍然焦虑不安，客户时不时地通过可视玻璃观察车辆的维修情况。这时，作为汽车售后维修服务顾问，一方面需要安抚客户的心理，另外一方面要将了解到的情况及时与客户沟通，说明需要增加维修项目。李想该如何与客户进行沟通呢？又该提供哪些可销售的服务呢？

学习目标

（1）能够描述增项服务作业流程。
（2）能够描述可供销售的服务。
（3）能够运用关联服务的销售技巧。
（4）能够运用增项服务沟通的基本技巧。
建议学时：6学时。

知识准备

一、维修增项服务的流程

对于正常的维修作业来说，由于维修预见的不确定性，产生增项是很自然的事情。处理好增项服务是汽车售后维修服务顾问为客户提供优质服务过程中必不可少的环节之一。所谓的增项服务作业是指在汽车售后维修服务顾问派工单完成之后，针对客户需求追加的服务作业。维修追加项目单见表4-3,维修增项服务流程如图4-1所示。

维修追加项目单　　　　　　　　　　　　　　　　　　　　表4-3

客户姓名		地址		电话	
进场日期		车牌号码		出厂编号	
追加项目内容					
维修项目					
维修收费					
零件名称		单价(元)		金额(元)	
追加维修费 合计(元)		追加材料费 合计(元)		追加费用 总计(元)	
客户意见					
客户(或电话质询业务员)签名		加项征询客户时间		客户答复时间	
征询业务员签名		业务员 答复车间时间		车间申请 追加项目时间	
车间申请人签字					

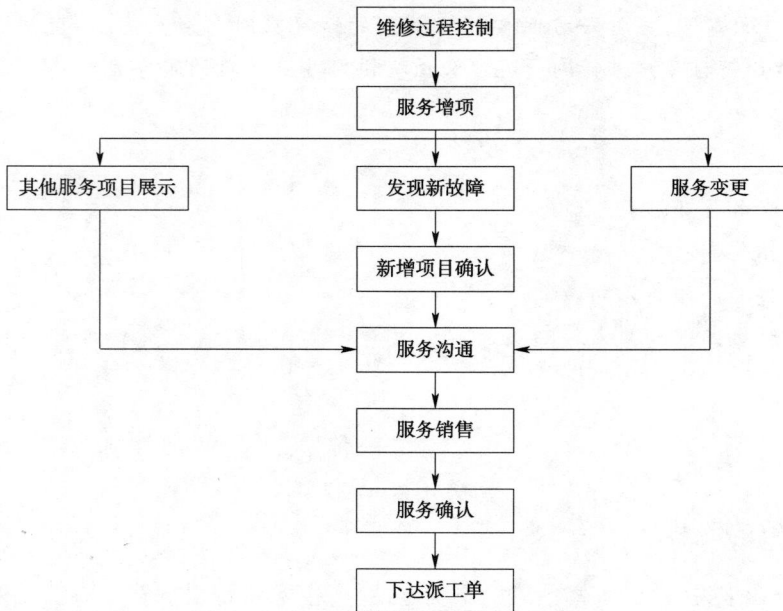

图4-1　维修增项服务流程　　　　　　　　　　　增项处理沟通技巧

（1）在维修过程中，如果发现新的维修内容时，应将增补维修项目和处理方法记录在预检单中，并在第一时间内通知车间调度或服务顾问。

（2）对增补维修项目及时向用户进行说明，并对所要完成的维修进行维修报价（若属于质量担保范围，直接按"质量担保工作流程"操作），交车时间延长说明。

二、服务顾问可销售的服务产品

售后服务是汽车后市场的主要组成部分。接车只是服务的开始，相关服务的销售才是汽车售后维修服务顾问的主要任务。汽车售后维修服务顾问可以销售的相关服务产品有如下几种。

可推荐的汽车用品

1. 汽车用品系列

随着社会经济的发展，汽车已经成为人们生活的一部分，人们对汽车用品的需求也随之而来。在客户等待期间，汽车售后维修服务顾问可以向客户推荐的汽车用品，如图4-2所示。

2. 取送车服务

取送车服务包括为不方便来店修车的客户提供取车服务，为不能再店内等候车辆修复且不便来店取车的客户提供送车服务。

图4-2 汽车用品

3. 代用车服务

客户的车在维修期间，需要4S店提供代用车服务。代用车服务是为需要用车的客户提供可租用的代用车。

4. 车辆保险服务

车辆保险服务包括保险咨询、保险理赔、保险代购、事故车辆处理等服务项目。

5. 汽车俱乐部会员卡推荐

包括可以推荐客户成为汽车俱乐部成员。汽车俱乐部服务项目包含对会员的汽车全过程、全方位的服务，诸如会员车辆的更新手续、年检、维护、维修、救援、理赔以及为会员提供应急车辆都是俱乐部的基本服务项目。

6. VIP 客户服务

随着客户需求层次的不断提高，一些品牌4S店在如何做好VIP客户服务的问题上不断创新，开发多种个性化服务项目，为VIP客户提供差异化服务。如免费24h紧急求援、车辆保险的代理、理赔，代客户验车，咨询、协助处理事故，行驶证、驾驶证、养路费证等的补证、审证，养路费、车船税等的代交，短信提醒年审、验车、保险等，赠送汽车杂志，汽车配件、二手车的交易咨询和代理，车辆性能检查等项目服务。作为一些品牌店的VIP客户，还可以享受优惠收费项目，如汽车维修、汽车美容装潢、驾驶服务、汽车运动、汽车租赁等，使个性化的服务更具有丰富的内涵。

7. 服务变更

服务变更是指汽车售后维修服务顾问针对维修过程中可能出现特殊状况,需与客户沟通,如维修时间延长、缺少零部件、设备故障等。汽车售后维修服务顾问要通过与服务变更的客户沟通,达到减少客户抱怨、提高客户满意度的销售目的。

8. 维修项目增加

维修项目增加包括全部前期预检没有发现或确认,但在维修过程中被发现或得到确认的所有车辆故障。

三、维修增项服务及服务产品销售的工作要点

维修增项服务,主要是依靠维修接待人员通过巡查的方式,了解维修进度,并主动与车间主管、维修技师及索赔员进行沟通,以便有效处理可能产生的维修服务增项,促进服务销售。维修增项服务及服务产品销售的工作要点见表4-4。

维修增项服务及服务产品销售工作要点　　　　　　　　　　表4-4

工作内容	工　作　要　点
维修过程控制	(1)保持与车间负责人的联系,关注维修进度,这样可以保证车辆在约定时间内交付给客户; (2)在车辆接待与预计交车时间内的一半时间左右,关注车辆的维修状态
服务沟通	(1)若维修工作被推迟,应尽快与客户联系,说明维修工作推迟的原因,获得客户同意,重新修正交车时间; (2)若需追加维修项目或更换配件,可从安全性和经济性等方面向客户说明追加项目的必要性,解释发生的额外费用; (3)根据和客户沟通的结果变更委托书,内容包括被联系人的姓名、谈话的日期和时间、经过客户签字认可的维修条款、修改后的费用和交车时间等; (4)如客户已经离开,可以通过电话或短信告知客户,不管客户同意与否,都必须在维修单上记录下来; (5)在客户没有书面同意的情况下不要进行任何维修增项; (6)所有变更信息要及时与车间主管或维修技师沟通,确保维修增项服务工作顺利实现; (7)对于维修旧件的处理应征询客户的意见,如客户希望带回旧件,则应将这些旧零件进行包装放进客户车的行李舱中。如果客户不要这些旧零件,则应将放进分类废品箱内
服务销售	(1)结合客户需求,适时向客户提出服务建议,刺激客户的消费欲望,实现服务产品的销售; (2)遵循客户自愿原则进行服务产品销售

四、汽车售后维修服务顾问应该掌握的洽谈技巧

一般来说,客户对推荐人员推荐的服务产品都有一定的防范心理,为打消客户的疑虑,促成商品销售,需要掌握一定的销售策略与技巧。

(1)有形物品推介步骤:描述情景幻象→简述配置功能→明确客户利益→提出引导建议。

几种常见的销售技巧

（2）增值服务产品推介步骤：复述客户问题→协商解决方法→提出引导建议。

（3）增项处理推介步骤：提出存在问题→描述情景幻象→提醒客户感受→提出引导建议。

（4）服务变更处理推介步骤：表示歉意→问题陈述→原因解释→提出解决方式→征询意见。

五、增项处理中重点注意事项

（1）维修技师新发现的故障或新增项目，经车间主任或技术经理（技术专家）认可后，立即反馈给服务顾问，涉及保修的维修项目由汽车售后维修服务顾问通知保修鉴定员。

（2）针对检修确认的故障、新发现的故障及新增项目，汽车售后维修服务顾问必须第一时间与客户沟通并确认最终是否维修。

（3）客户同意维修后，在《维修委托书》"项目增项"栏记录后请客户签字确认，并在 DMS 更新。

（4）如客户未在场，汽车售后维修服务顾问要立即联系客户，向其说明修改/追加维修事宜，礼貌告知客户将对此次通话内容进行录音，取得客户同意后进行录音并留存。客户回厂取车时请客户在《维修委托书》上补签字确认。

（5）如客户有不维修项目或维修未完成客户要求先走的情况，汽车售后维修服务顾问需将不维修项目记录在《维修委托书》中。如果客户不在场并且要求终止检测维修的，特约商须对客户电话进行录音留存。

（6）车间主任依据更新的《维修委托书》进行派工与工艺指导。

六、增项处理中特别关注点

（1）发现维修增项后联系不上客户。

（2）客户在电话里口头许可增项，事后不认账。

思考：遇到以上情况你该怎么办？

增项作业处理

操作指引

1. 组织方式

（1）将 6～8 名学生分为一组，并推选一位组长。

（2）以本学习任务描述的情景故事为背景，设计增项处理的案例。

（3）设计完成后，在汽车售后维修服务顾问仿真实训室内，从每组中抽选 2～3 名学生进行增项处理的角色扮演。

（4）演练完成后，先由组内其他同学提出看法及建议，再由其他组别观摩的同学提出看法及建议，最后由老师总结评价。

2. 操作要求

（1）每组演练及点评时间总共不超过 15min。

（2）情景演练需要整车一台、客户休息室各类表格及景格汽车售后维修服务顾问仿真操作系统。

（3）注意车身漆面的保护。

（4）自觉遵守安全操作及5S的工作要求。

任务实施

（1）根据任务描述，模拟服务顾问进行客户增项处理，要求处理过程中能够有效地分析客户心理，运用正确的方法使客户达到满意。二人为一组，任务考核工单见表4-5。

任 务 考 核 工 单　　　　　　表4-5

任务编号：	任务名称:增项处理			成绩	
				学时	
姓名		学号		班级	组别
能力目标	1.掌握增项服务作业流程； 2.熟悉可供销售的服务； 3.熟练运用关联服务的销售技巧； 4.掌握增项服务沟通的基本技巧				
设备、工具准备	展示车辆、相关服务单据、车辆五件套、接待台及模拟服务系统、茶饮				
考核指标	任 务 标 准			完 成 情 况	
				完成	有待改善
	礼 仪 规 范				
	服饰整洁、精神饱满				
	微笑、自然、语气亲切				
	主动、迅速、仪态稳重				
	用语礼貌、语速适中				
	沟 通 技 巧				
	耐心倾听				
	提问及接待时机准确				
	有书面记录，且总结归纳客户提问				
	自我介绍				
	工 作 流 程				
	与车间联系，确定新故障原因及解决方法				
	与客户沟通				
	服务销售				
	重新打印派工单，确认维修签字				
	下达派工单				
考核结果	礼仪规范	5	4	3	2	1
	沟通技巧	5	4	3	2	1
	工作流程	5	4	3	2	1

（2）任务下达时，要求学生能正确分析客户需求信息，讨论并制订出合理的处理方案。

（3）任务实施时，应指导学生学会收集必要的信息来帮助任务的完成，必要时给予理论知识的讲解。

（4）模拟训练时，应注意强调热情、准确、高效地完成任务，正确完成处理流程。

（5）观摩的同学应讨论模拟过程中不符合要求的地方，提出改善意见。

任务小结

在维修车辆的过程中，常见增项处理环节，这就要求服务顾问具有一定的沟通能力和营销技巧，首先要取得客户的信任，再通过讲事实、讲利益的方法与客户沟通，并且做好维修项目解释工作，特别注意的是要求客户签字确认后再进行维修，增项的部分完成后一定要向客户进行展示，给客户提供最贴心的服务。

项目五　修竣车辆交付

任务概述

　　交车是下次客户到店的开始,交付客户一辆洁净的、修复完成车辆非常重要。在整个维修接待的最后一步中,特别要注意的是一些细节,交车前要做好哪些准备工作,如何与客户进行沟通,同时,还会涉及保险理赔和保修索赔的知识,因此,从事这一环节的工作要求是:

　　1.能够协助客户办理交车事宜;

　　2.能够处理保修索赔;

　　3.能够处理保险理赔业务。

学习任务

　　1.交车作业流程

　　2.汽车三包索赔

　　3.汽车保险理赔

学习任务1　交车作业流程

任务描述

　　服务顾问李想前期工作在与客户沟通过程中虽然遇到一些困难,但是通过学习都圆满完成了。最后一步工作是交车,而交车中需要客户付款,这时候,李想心里打鼓了,客户对自己的服务是否满意,是否还有做得不到位的地方? 前期各个流程的作业是否使客户满意,都会在客户付款的时候得到体现。交车作业保证我们所有工作有一个圆满答案不可或缺的环节。交车的好坏直接影响到客户是否再次到店消费以及客户满意度。那在交车环节中有哪些注意事项呢？我们一起来看看李想是如何做的吧。

学习目标

(1)能够描述交车作业的流程。
(2)能够执行质量检查的要点。
(3)能够描述交车前的准备工作。
(4)掌握运用交车时与客户沟通的方法。
建议学时:6 学时。

知识准备

一、交车作业的工作流程

圆满地完成交车作业,使客户满意而去是汽车售后维修服务顾问进行交车作业的主要目的。交车作业也是汽车售后维修服务顾问最重要的工作之一。客户交车作业的主要流程如图5-1所示。

1.车辆质检

车辆在维修完成之后,由质检员对车辆进行质量检查,以彻底消除车辆的维修隐患,减少用户抱怨,保证对用户的一次性交付率。车辆质检的流程如图5-2所示。

交车作业

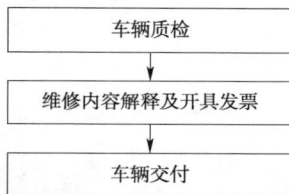

图 5-1　交车流程

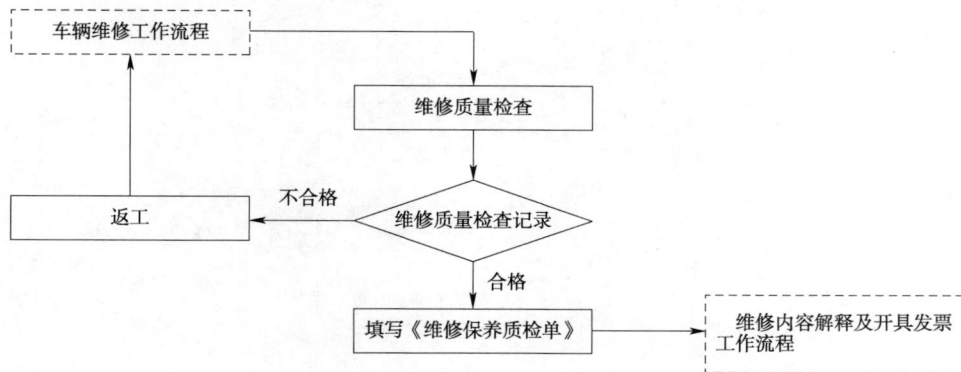

图 5-2　车辆质检流程图

2.维修内容解释及开具发票

在交车环节中,汽车售后维修服务顾问还需要核实维修过程中的相关手续,如派工单、增项单、质检单、备件以及耗材使用清单,以确保向客户移交的时候不会有遗漏的服务项目。并且要向客户解释维修项目并回答客户的提问,帮助客户理解结算单上的信息,与客户建立相互信任的气氛,让客户明白消费。汽车售后维修服务顾问要为客户交款提供帮助,并引导客户到收银台。维修内容解释及开具发票的流程如图5-3所示。

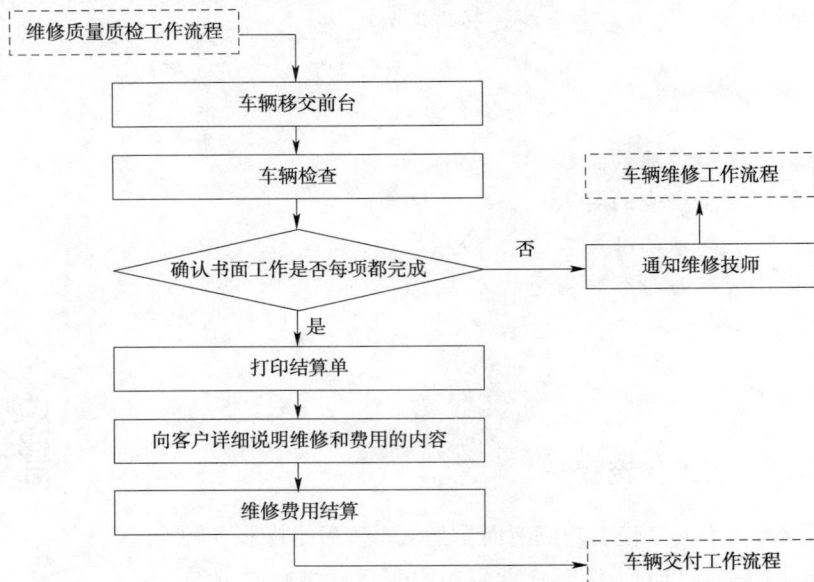

图 5-3　维修内容解释及开具发票工作流程

3. 车辆交付

客户交款后,汽车售后维修服务顾问根据缴款收据将车钥匙及相关服务材料交给客户。最后,汽车售后维修服务顾问要协助客户移动车辆,目送客户离店。车辆交付流程如图5-4所示。

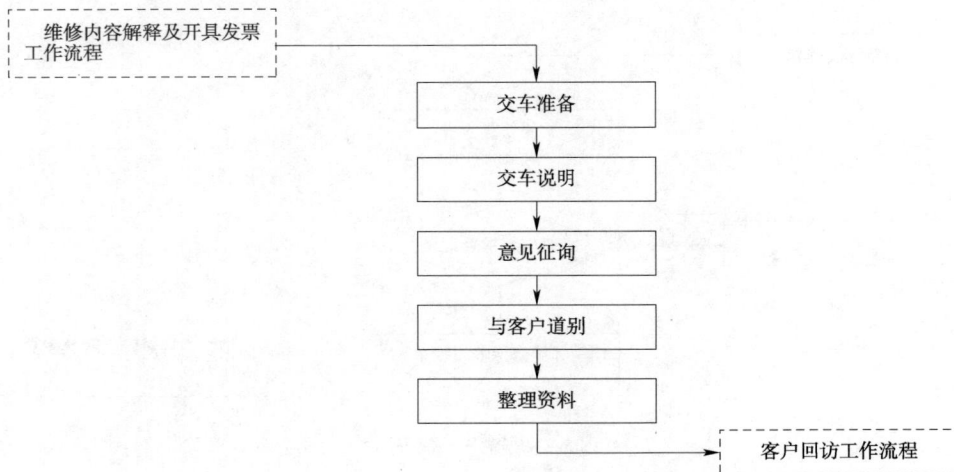

图 5-4　车辆交付流程

二、车辆质量检查

汽车维修质量的优劣是由许多相关的因素决定的。它既取决于汽车维修企业内部各个方面、各个部门和全体人员的工作质量,也与经营环境等外部条件相关。因此,为保证和提高汽车维修质量,必须对影响汽车维修质量的相关因素实施系统的管理。

1. 汽车维修质量的评定

汽车维修质量的评定,就是通过对维修竣工的汽车(包括整车、总成、零部件)的质量特性(即汽车技术状况和主要性能)进行检测,来衡量其是否符合有关标准规定的维修竣工出厂汽车的技术条件的要求。根据汽车维修质量的评定对象,可分为对单车维修质量的评定和对维修企业维修质量的综合评定两种评定方法。

(1)单车维修质量的评定。

对单车维修质量的评定,就是在汽车一次维修作业竣工时,对所完成的维修作业项目进行质量检验,评定其是否符合规定的维修竣工技术标准要求,符合要求的即为维修质量合格,否则为不合格。单车维修质量的评定指标通常采用"合格"或"不合格"进行评定。维修质量不合格的车辆不准出厂。

(2)维修企业汽车维修质量的综合评定。

对维修企业汽车维修质量的综合评定,就是对一个汽车服务企业在一定时期内汽车维修质量的综合评定。它实质上是在单车维修质量评定的基础上,对服务企业在一定时期内所有维修车辆的维修质量的情况进行的综合统计分析。维修企业汽车维修质量的综合评定指标主要有上线检测率、维修合格率和维修质量保证期内返修率。

①上线检测一次合格率。是指维修企业在一定时期内,维修车辆及二级维护车辆上汽车综合性能检测线进行质量检测时,一次性检测合格的车辆数与被检测车辆总数之比。

②维修合格率。是指在一定时期内维修合格的车辆(次)数与维修(次)总数之比。

维修合格率可以简便直观地反映汽车维修企业总体汽车维修质量水平。汽车维修过程中的工作质量越好,维修合格率就越高。维修合格率指标比较便于企业内部对每个维修岗位、每个维修作业项目的维修质量进行检验与评价。

③返修率。即维修质量保证期内的返修率,是指维修企业在一定时期内汽车维修出厂后因维修质量问题而返修的车辆数与维修出厂的车辆总数比。

2. 汽车维修企业的维修质量控制

汽车维修企业必须严格执行国家和当地维修行业主管部门制订的有关汽车维修质量管理制度和法规,并且要建立健全的企业内部相关的质量管理制度,并认真遵守和执行。汽车维修质量检验贯穿于整个汽车维修作业的始终,汽车维修服务企业完整的质量控制框图如图5-5所示。

由图5-5可知,维修企业完善的内部质量管理体系是非常严格的,质量控制的基本原则是:"不接受缺陷、不制造缺陷、不传递缺陷"。

(1)车辆维修。

维修技师根据服务顾问签字确认了的维修委托单、报修单和索赔检查报告单对车辆进行维修作业。车辆维修过程中,维修技师应严格执行厂家工艺流程标准进行维修作业。

```
                      ┌──────────────┐
                      │   车辆维修    │
                      └──────┬───────┘
                             ↓
                      ┌──────────────┐
                      │   维修自检    │
                      └──────┬───────┘
                             ↓
   否              ◇ 是否合格 ◇
   ←──────────────
                          │是
                          ↓
                      ┌──────────────┐
                      │   维修复检    │
                      └──────┬───────┘
                             ↓
   否              ◇ 是否合格 ◇
   ←──────────────
                          │是
                          ↓
                      ┌──────────────┐
                      │   维修终检    │
                      └──────┬───────┘
                             ↓
   否              ◇ 是否合格 ◇
   ←──────────────
                          │是
                          ↓
                      ┌──────────────┐
                      │   车辆清洗    │
                      └──────┬───────┘
                             ↓
 ┌ ─ ─ ─ ─ ┐       ┌──────────────┐
 │ 维修结算 │ ←──── │   车辆移交    │
 └ ─ ─ ─ ─ ┘       └──────────────┘
```

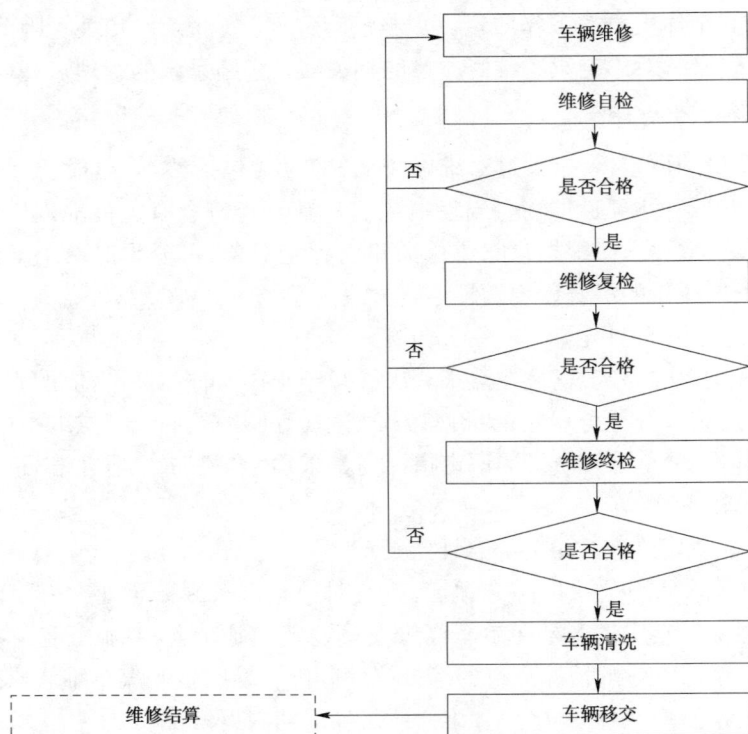

图 5-5　维修质量控制框图

（2）班组完工自检。

车辆维修完成后，维修技师应认真核对委托单据，检查是否有漏项，自行检查维修项目是否达到厂家工艺标准。维修技师自检确认没有问题了，在维修委托单上签时间和工号确认。同时，请求班组长对维修委托项目和车辆维修项目进行检查验收，验收合格后，班组长在维修委托单上签字确认。

（3）班组工种交接确认。

班组车辆验收合格后，班组长确认车辆是否还需要其他工种维修。如果车辆需要由其他工种班组继续进行维修的，班组长将车辆交给下一工种班组的班组长，并请求下一工种班组的负责维修技师在维修委托单上签时间和工号确认。送交方班组长同时通知调度员车辆已经进入下一工种维修，调度员立即更新车辆维修进程状态表。

（4）维修复检或路试车辆。

①班组自检合格后，班组长将车辆停放到待检区，维修单据和车辆钥匙交给质检员。并请求质检员在维修委托单上注明时间并签字确认。班组长同时通知调度员车辆已经进入检验环节，调度员更新车辆维修进程表。

②质检员根据质量工艺标准对车辆维修项目进行检验，检验时要求检查维修工艺流程对维修项目的所有注意事项进行详细的检查，必要时进行测试检查。并对车辆检验结果进行记录。

③需要路试的车辆，质检员要进行车辆路试检查。车辆路试时，质检员要遵守道路交通规则，并按照指定的路试路线对车辆进行路试检查。

（5）维修终检项目是否合格。

①质检检验合格后，质检员在维修委托单上签字确认。质检员将车辆停放到待洗区，维修单据和车辆钥匙交给洗车组长安排车辆清洁，并通知调度员车辆已经进入洗车环节，调度员更新车辆维修进程表。

②如果车辆检验不合格，质检员将车辆直接返回维修班组，责成班组长返修车辆。同时，做内部返修记录。

维修进程质量检验单见表 5-1。

维修进程质量检验单 表 5-1

牌照			车主			
维修工单号			维修技师			

	项次	客户委修现象	自检		检验员总检		不正常原因
			正常	不正常	正常	不正常	
客户委托修理现象	1						
	2						
	3						
	4						
	5						
	6						
清洁	车辆清洁	施工部位是否污损					

	系统	检查项目	终检		总检		不正常原因
			正常	不正常	正常	不正常	
静态车况	发动机	油量、漏油、发动抖动、异响					
	变速器	油量、漏油、拉动换挡杆顺畅					
	底盘	漏油、轮胎螺钉、底盘螺钉及固定销					
	转向	转向顺畅、没有间隙、无异响					
	制动器	制动踏板高度正常					
	灯光	灯光及指示灯是否正常					
动态测试	发动机	行驶加速顺畅、无异响					
	变速器	变挡顺畅、没有挫车状况					
	底盘	无异响					
	转向	行驶正直，无偏向					
	制动器	制动力足、不会抖动					

国家规范			法规总检项目：			
维修技师			质检员：			

三、交车前的准备工作

汽车售后维修服务顾问在完成终检后,就可以准备把车交给客户了,交车前的准备工作如下所述。

1. 熟悉交车时必须掌握的信息

在进行交车作业前,汽车售后维修服务顾问对信息的掌握应满足下列要求:

(1)能够认出客户,可以叫出客户的姓,如李先生、王女士等。

(2)要明确在接待过程中为客户做出的服务承诺。

(3)要对照派工单复述各个维修项目的实施情况以及相应的价格。

(4)准备好在交车时需要向客户提醒的关于汽车使用及维护方面的问题。

(5)要回顾服务过程中有无不足之处,考虑好与客户进行沟通的方法。

2. 制作交车明细清单

再次确认委托书和增项单上的项目实施情况,包括已修项目及未修项目,并制作交车明细清单。明细清单应包括维修所用的所有维修材料单价、工时费用及客户选择的其他关联服务所需费用,见表5-2。

交 车 明 细 清 单   表 5-2

派工单编号		维修车型		作业时间	
维修技师		汽车售后维修服务顾问			
维修服务项目	材料费(元)		工时费(元)	备注	
四轮定位					
银卡会员					
费用合计					
维修折扣					
服务信息提供					

3. 约定交车时间

与离店客户联系交车,应约定交车时间。约定交车时间时,要尽量把交车时间错开。汽车售后维修服务顾问要注意利用维修车间的工作计划体系来跟踪维修进度情况,及时向客户通知进展情况,根据承诺的交车时间和维修车间的工作计划安排尽量错开交车时间。通常交车时,要预留15min左右的时间来与客户沟通,以便向客户解释维修项目并解答客户疑问。如果不错开安排时间,则可能导致向客户交车时造成混乱。

四、交车时的客户沟通

1. 交车说明

(1)向客户确认更换下来的旧零件或者部件(保修件除外),并询问处理方法。

参考话术:"先生,维修时拆除的旧件,我们已经给您放到行李舱里了,您看。"

参考话术:"请问,您是将这些旧件自己带回去呢,还是……?"

(2)向客户说明自己做的调整(如:时钟、灯光、电台频道调整等)。

(3)向客户说明车上某些配置可能被调整过,请客户自行恢复(如座椅、后视镜、空调控制等)。

参考话术:"先生,不好意思,由于维修工作需要,您车上的座椅、后视镜、空调控制有可能做过微调,请您按照您的驾驶习惯调整回原位,请多包涵!"

2. 回答客户疑问

由于很多客户对车辆的维修过程并不了解,因此在取车时会产生这样的或那样的疑问。汽车售后维修服务顾问要耐心、热情地为客户解释清楚每一个疑问。

3. 意见征询

(1)征询客户对本次服务的整体感觉以及意见和建议,并记录,同时表示感谢。

参考话术:"先生,您对我们的这次服务还满意吗?您有什么意见或者建议请告诉我,今后我们会努力做得更好。"

参考话术:"谢谢您对我们工作的肯定,三天后,我们的客服代表将对您进行回访,主要是询问车辆维修后的使用状况,到时还请您给予配合。"

(2)向客户说明如有任何问题可与服务站或者汽车售后维修服务顾问本人进行联系,并递送名片。

4. 与客户告别

(1)当着客户的面,取下车辆防护用品。

参考话术:"让我来把防护用具拆掉吧!"

(2)将客户送到服务站门口,致谢,目送客户离开。

参考话术:"先生,您把出门单交给保安就可以了。路上注意安全,再见!"

操作指引

1. 组织方式

(1)将6~8名学生分为一组,并推选一位组长。

(2)以本学习任务描述的情景故事为背景,设计客户交车的各类案例。

(3)设计完成后,在汽车售后维修服务顾问仿真实训室内,从每组中抽选2~3名学生进行交车过程的角色扮演。

(4)演练完成后,先由组内其他同学提出看法及建议,再由其他组别观摩的同学提出看法及建议,最后由老师总结评价。

2. 操作要求

(1)每组演练及点评时间总共不超过15min。

(2)情景演练需要整车一台、各类表格及景格汽车售后维修服务顾问仿真操作系统。

（3）注意车身漆面的保护。

（4）自觉遵守安全操作及 5S 的工作要求。

任务实施

（1）根据本学习任务描述，模拟服务顾问进行客户异议处理，要求处理过程中能够有效地分析客户心理，运用正确的方法使客户达到满意。二人一组，任务考核工单见表 5-3。

任务考核工单 表 5-3

任务编号：	任务名称:交车作业流程			成绩	
				学时	
姓名		学号	班级	组别	
能力目标	1.能够运用正确的礼仪规范迅速接待客户； 2.能够按照标准流程进行交车作业； 3.能够体现客户关怀、实现客户满意				
设备、工具准备	展示车辆、相关服务单据、车辆五件套、接待台及模拟服务系统、茶饮				
考核指标	任 务 标 准			完 成 情 况	
				完成	有待改善
	礼 仪 规 范				
	服饰整洁、精神饱满				
	微笑、自然、语气亲切				
	主动、迅速、仪态稳重				
	用语礼貌、语速适中				
	沟 通 技 巧				
	耐心倾听				
	提问及接待时机准确				
	有书面记录,且总结归纳客户提问				
	自我介绍				
	工 作 流 程				
	车辆质检				
	核实手续,整理单据				
	准备交车				
	与客户沟通维修项目,并在结算单上签字				
	付款				
	给客户展示维修车辆并交车				
	目送客户				
考核结果	礼仪规范	5	4	3	2	1
	沟通技巧	5	4	3	2	1
	工作流程	5	4	3	2	1

（2）任务下达时，要求学生能正确分析客户需求信息，讨论并制订出合理的处理方案。

（3）任务实施时，指导老师应指导学生学会收集必要的信息来帮助任务的完成，必要时给予理论知识的讲解。

（4）模拟训练时,应注意强调热情、准确、高效地完成任务,正确完成处理流程。

（5）观摩的同学应讨论模拟过程中不符合要求的地方,提出改善意见。

任务小结

交车技能的掌握与否直接关系到汽车售后维修服务顾问能力的高低,客户希望在交车环节收到一辆干净的、故障已彻底排除的车辆,并有人协助客户顺利离开。这就要求我们服务顾问熟悉交车环节的每一个步骤,特别需要向客户展示已经维修完成的项目,同时,在交车环节中处理好最后的客户异议,确保客户满意离店。

学习任务 2　汽车三包索赔

任务描述

在交车环节,汽车售后维修服务顾问如遇到客户要求进行保修索赔,而一般4S店只配备1~2名保修索赔员,那么作为一般接待的服务顾问就要协助索赔员处理好该客户的保修业务。今天陈先生的迈腾车来店做15000km维护时,维修技师发现该车右后车门的风窗玻璃升降失灵,李想向客户反映后,陈先生急切地询问是不是可以走保修流程。

学习目标

（1）能够描述汽车三包的基本概念、原则及责任承担方式。

（2）能够描述车辆保修索赔的基本概念。

（3）能够描述车辆保修索赔的相关法律法规及索赔流程。

（4）能够掌握保修旧件的回收方法。

建议学时:6学时。

知识准备

一、汽车三包概述

1.汽车三包的定义

2012年12月29日国家质检总局局长签发了《家用汽车产品修理、更换、退货责任规定》,并于2013年10月1日起正式施行,该《规定》是调整汽车产品质量合同责任的重要的规范性文件,是基于《中华人民共和国产品质量法》《中华人民共和国消费者权益保护法》《中华人民共和国合同法》等法律、法规制订并实施的。

汽车三包是指汽车产品生产者、销售者和修理者在法定期间内,根据法规的要求或自身的承诺,因汽车产品质量问题,应对家用汽车产品得消费者承担免费修理、更换、退货（以下简称三包)责任。其目的就是为了保护家用汽车产品消费者的合法权益。

2. 汽车三包的原则

(1)汽车三包实行"谁销售,谁负责"的原则。开具购车发票的汽车产品销售者是汽车三包责任的直接责任者,在依法向消费者承担汽车三包责任后,根据其与生产者的合同,向生产者进行追偿。

(2)汽车三包中的各相关方均应遵守诚信原则。汽车销售者在做出三包承诺时,不得有欺诈或违背承诺的行为;销售者履行三包义务时,应根据法规要求或自身承诺,履行相关义务;消费者主张三包权利时,应诚实陈述车辆情况,不恶意欺诈、恶意索赔等。

3. 汽车三包责任的承担方式

汽车三包责任的承担方式是:包修、包换、包退,如图5-6所示。

图5-6 三包责任

(1)包修。

家用汽车产品包修期限不低于3年或行驶里程10万 km,以先到者为准;家用汽车产品三包有效期限不低于2年或行驶里程5万 km,以先到者为准。家用汽车产品包修期和三包有效期自销售者开具购车发票之日起计算。在家用汽车产品包修期内,家用汽车产品出现产品质量问题,消费者凭三包凭证由修理者免费修理(包括工时费和材料费)。

(2)包换。

自销售者开具购车发票之日,在三包有效期内(2年或5万 km,以先到为准),满足以下条件,消费者可以换车(新的合格的同品牌同型号产品,或不低于原车配置的产品)。

①因同一产品质量问题,累计修理超过5次的,消费者在支付合理使用补偿后可换车。

②因产品质量问题,导致修理时间累计超过35天,消费者在支付合理使用补偿后可以换车。

③自销售者开具购车发票之日起60日内或者行驶里程3000km之内(以先到者为准),因出现转向系统失效、制动系统失效、车身开裂、燃油泄漏等故障问题,消费者可以选择换车。

(3)包退。

自销售者开具购车发票之日,在三包有效期内,满足以下条件,消费者可以选择退车。

①发动机、变速器累计更换2次后,或者发动机、变速器的同一主要零件因质量问题累计更换2次后,仍不能正常使用的,可以选择退车。

②在三包有效期内,因严重安全性能故障累计进行了2次修理,严重安全性能故障仍未排除或者又出现新的严重安全性能故障的;或转向系统、制动系统、悬架系统、前/后桥、车身的同一主要零件因其质量问题,累计更换2次后,仍不能正常使用的,消费者选择退车时,销售者应当负责退车。

另外,如果家用汽车产品符合更换条件,销售者无同品牌同型号产品,也无不低于原车配置的产品向消费者更换的,消费者可以选择退车,销售者应当负责退车。

二、汽车保修索赔

1. 汽车保修索赔的定义

汽车保修是指汽车生产者及销售者向消费者卖出汽车产品时承诺,只要是在规定的条件下正常用车时所发生的故障或零部件损坏,将提供免费更换及修理的服务。

汽车保修与三包的区别

而索赔是指汽车销售者根据汽车生产者的保修索赔政策对车辆出现的质量问题,进行完免费更换或修理后向汽车生产者提交相关信息并申请赔付的过程。

2. 汽车保修索赔的意义

汽车保修索赔是汽车生产者对产品的质量担保。通过质量担保,使汽车产品消费者对生产者的产品满意;使消费者对销售服务商的售后服务满意。这两个因素是维护生产企业和产品信誉以及促销的决定基础。其中,消费者对售后服务是否满意最为重要。如果消费者对售后服务商的服务不完全满意,生产者无疑就会失去这个消费者;相反,如果生产者的售后服务能够赢得消费者的信任,使消费者满意,那么就能够继续推销其产品和服务。

不管在生产制造过程中生产者有多认真,检验手段有多完善,还是会出现质量缺陷,但这些质量缺陷能够通过售后服务系统,利用技术手段迅速正确地得到解决。通过质量担保体系来满足消费者的合理要求,这样在消费者和经销商之间就会建立一种紧密的联系,并使之不断地得到巩固和加强。

3. 保修时间及条件

(1)保修时间。

一般而言,汽车生产者对保修时间的期限各有不同,目前整车大部分集中在 3 年/6 万 km 或 5 年/10 万 km,以先达到为准。

配件的保修期因不同生产者规定的配件质量担保期限略有不同。对于由经销者免费更换安装的配件,其保修期一般随着整车保修期的结束而结束;对于由消费者自己付款更换安装的配件,从车辆修竣后消费者验收合格日和行驶里程数起算,其保修索赔期为 12 个月或 4 万 km,以先到为准。

保修索赔期内,汽车生产者根据产品情况会在《维护手册》中详细说明重要部件保修期、大型零件保修期、综合保修和全面保修等不同范围的保修索赔时间长短。

在保修索赔期内由汽车销售者免费更换安装的配件,其保修索赔期为整车保修索赔期的剩余部分,即随整车保修索赔期结束而结束。而由消费者自己付费并由汽车销售服务商更换和安装的配件,从消费者验收合格日和该节点里程数算起,其保修索赔期另起计算。

(2)保修条件。

①消费者必须按照《维护手册》内的要求,正确驾驶、定期维护及停放车辆。

②一定要在汽车生产者规定的保修索赔期限内提出申请,并且所有的维护保修服务都

必须在汽车生产者授权的特约服务站完成。

③必须是由汽车生产者特约服务站售出并安装或原车装在车辆上的配件,才能够申请保修。

4. 保修索赔的范围

(1)在汽车生产者规定的保修索赔期内,车辆在正常使用的情况下原车及安装在原车上的配件发生质量问题或使用故障的,修复故障或更换配件所需花费的材料费、工时费属于保修索赔的范围。

(2)在汽车生产者规定的保修索赔期内,用户车辆在使用过程中发生故障无法行驶至特约服务站进行维修的,由此产生的抢修费用,如交通费、住宿费等是属于保修索赔的范围。

(3)汽车生产者为每辆新购车辆提供的新车磨合维护或首次维护等1～2次的免费维护,其费用也属于保修索赔的范围。

5. 不属于保修索赔范围的情况

(1)车辆正常例行维护和正常使用中的易损件,如:各类滤清器、火花塞、制动片、灯泡、轮胎、刮水片、机油等。

(2)车辆因缺少维护或未按汽车生产者规定的维护项目进行维护而造成车辆故障的。

易损件的种类
范围及期限

(3)因消费者使用不当造成的车辆故障。

(4)在保修期内,车辆出现故障后未经汽车生产者或维修者同意继续使用而造成的进一步损坏的,汽车生产者只对原有故障损失(须证实属于产品质量问题)负责,其余损失由消费者自己承担。

(5)车辆发生严重事故时,因消费者未保护现场或因丢失损坏零件以致无法判明事故原因的,汽车生产者不承担保修费用。

(6)因自然灾害或意外事故造成的车辆故障是不属于保修范围的。

6. 保修费用

保修费用包括有相关工时费、零部件费、差旅服务费、旧件回收运输费、紧急救援费以及其他用途费用。

(1)工时费。

工时费的计算工时为:

$$工时费 = 工时定额 \times 工时单价$$

①工时定额的确定,应以当地的汽车维修工时定额标准为基准,结合各品牌经销商的实际情况灵活操作。

②工时单价指维修车辆单位工作时间的维修成本、税金及利润之和。工时单价随地区或汽车品牌定位呈等级变化。

(2)零部件费。

由汽车生产者对其特约售后服务站规定的零部件服务价格。

（3）差旅服务费。

对需要外出服务或实施紧急救援的消费者，所产生的车船费、住宿费、车辆补助、人员补助等。

（4）旧件回收运输费。

按汽车生产者规定需回收的保修旧件，必须按照汽车生产者规定的运输方式承运，否则不予报销。

三、汽车保修索赔流程

保修索赔流程如图5-7所示。

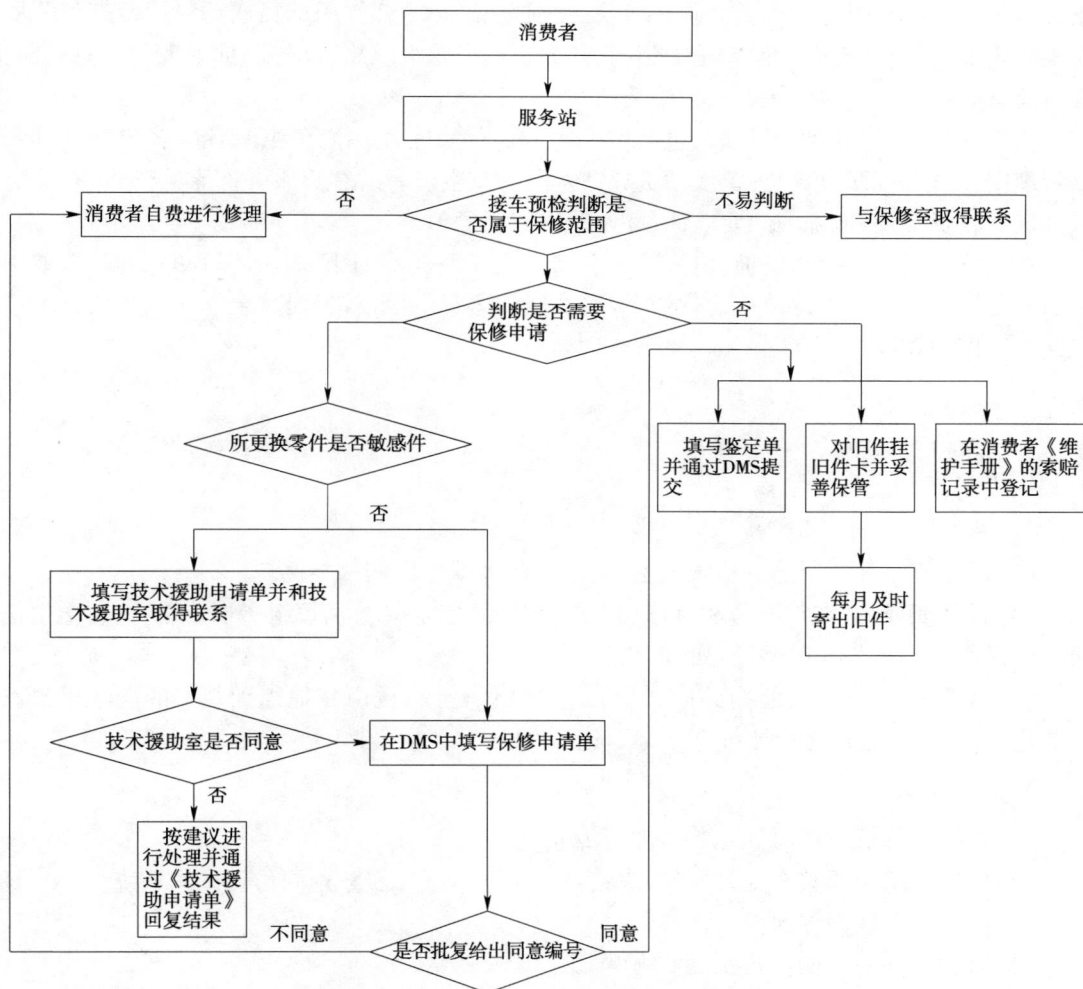

图5-7 保修索赔流程

四、回收维修旧件

1.旧件回收规定

汽车生产者为了加强对汽车产品质量的管理，便于进行质量跟踪，在完成保修索赔后，将大部分旧件回收至汽车生产者的相关部门。

汽车销售者为消费者进行保修索赔服务后应及时填写旧件标签,并按一件一签套牢在每一旧件上,旧件标签上须填写发动机号,车辆识别代码,行驶里程,购车日期,维修日期,服务站代码,服务站名称及故障现象。同时必须详细填写保修回收的统计表格,要求其编号与结算单上填写的编号一致,一式三份,服务站自留一份。

2.旧件的包装及发送

汽车销售者在寄送旧件时,须严格按标准进行包装。每件包装箱外表都必须注明服务站名称,每件编号和该批旧件的总件数。总成件必须完整,不得出现拼凑和缺少零件的现象。对笨重件或易碎件应按类分别装箱,避免损坏、对小零部件用纸箱或塑料袋分类包装后放入大箱里,大箱应牢固。如果是纸箱,其外面应加尼龙编织袋,以防运货中散落。封箱前,应将盖有公章的发送单放入旧件包装箱内。

汽车销售者每月应将经校验,包装后回收的旧件及时发往汽车生产者的客户服务部索赔管理室,发货应及时将提货单或领货凭证寄给汽车生产者的客户服务部索赔管理室;注意认真填写收货单位,地址,邮编,电话,并及时寄回提货单;

在运输过程中发生的货损,由汽车销售者自行负责索赔;因汽车销售者的原因,造成提运旧件延误时间而被货运单位罚款的,该次保修件运费不得报销,罚款金额从汽车销售者三包结算费用中扣除。

操作指引

1.组织方式

(1)将6~8名学生分为一组,并推选一位组长。

(2)以本学习任务描述的情境故事为背景,设计保修索赔的案例。

(3)设计完成后,在汽车售后维修服务顾问仿真实训室内,从每组中抽选2~3名学生扮演某个保修索赔环节处理过程中的角色。

(4)演练完成后,先由组内其他同学提出看法及建议,再由其他组别观摩的同学提出看法及建议,最后由老师总结评价。

2.操作要求

(1)每组演练及点评时间总共不超过15min。

(2)情境演练需要整车1台、各类表格及汽车售后维修服务顾问仿真操作系统。

(3)注意车身漆面的保护。

(4)自觉遵守安全操作及5S的工作要求。

任务实施

(1)根据本学习任务描述,模拟保修专员进行客户保修索赔处理,要求处理过程中能够按照保修索赔流程正确有效处理保修业务,并运用正确的话术使客户达到满意。二人一组,任务考核工单见表5-4。

任 务 考 核 工 单

表 5-4

任务编号:	任务名称:保修索赔处理			成绩	
				学时	
姓名	学号	班级		组别	

能力目标	1.能够运用正确的礼仪规范迅速接待客户; 2.能够遵循保修索赔流程处理车辆故障问题; 3.能够体现客户关怀、实现客户满意
设备、工具准备	展示车辆、相关服务单据、车辆五件套、接待台及模拟服务系统、茶饮

考核指标	任 务 标 准		完 成 情 况	
			完成	有待改善
	礼 仪 规 范			
	服饰整洁、精神饱满			
	微笑、自然、语气亲切			
	主动、迅速、仪态稳重			
	用语礼貌、语速适中			
	沟 通 技 巧			
	耐心倾听			
	提问及接待时机准确			
	有书面记录,且总结归纳客户提问			
	自我介绍			
	工 作 流 程			
	了解故障原因			
	确定是否符合"三包"条件、是否在索赔期			
	索赔鉴定			
	确定是否符合保修条件			
	与客户协商解决问题			
	制订解决方案			
	进行跟踪反馈			
	改进行动			

考核结果	礼仪规范	5	4	3	2	1
	沟通技巧	5	4	3	2	1
	工作流程	5	4	3	2	1

(2)任务下达时,要求学生能正确分析客户需求信息,讨论并制订出合理的处理方案。

(3)任务实施时,指导老师应指导学生学会收集必要的信息来帮助任务的完成,必要时给予理论知识的讲解。

（4）模拟训练时,应注意强调热情、准确、高效地完成任务,正确完成处理流程。

（5）观摩的同学应讨论模拟过程中不符合要求的地方,提出改善意见。

任务小结

（1）汽车三包是指汽车产品生产者、销售者和修理者在法定期间内,根据法规的要求或自身的承诺,因汽车产品质量问题,应对家用汽车产品的消费者承担免费修理、更换、退货（以下简称三包）责任。

（2）汽车三包实行"谁销售,谁负责"的原则,汽车三包中的各相关方均应遵守诚信原则。

（3）家用汽车产品保修期限不低于3年或者行驶里程6万km,以先到者为准;家用汽车产品三包有效期限不低于2年或者行驶里程5万km,以先到者为准。家用汽车产品保修期和三包有效期自销售者开具购车发票之日起计算。

（4）汽车保修是指汽车生产者及销售者向消费者卖出汽车产品时承诺,只要是在规定的条件下正常用车时所发生的故障或零部件损坏,将提供免费更换及修理的服务。

（5）索赔是指汽车销售者根据汽车生产者的保修索赔政策对车辆出现的质量问题,进行完免费更换或修理后向汽车生产者提交相关信息并申请赔付的过程。

（6）保修索赔期内,汽车生产者根据产品情况会在《维护手册》中详细说明重要部件保修期、大型零件保修期、综合保修和全面保修等不同范围的保修索赔时间长短。

学习任务3 汽车保险理赔

任务描述

随着国民生活水平的不断提升,汽车保有量也随之不断攀升,再加上汽车用户的驾驶习惯和水平参差不齐,道路交通事故频发,汽车经销商接待事故车的台次也逐年增加,由于其产值较高,已经成为经销商主要的利润来源之一。

李想一早上班,老客户陈先生打来电话,说在环路高架上发生追尾事故,需要现场救援,并询问保险索赔之事。

学习目标

（1）能够描述汽车保险的作用。

（2）能够描述汽车保险的种类。

（3）能够描述保险车辆理赔的流程。

（4）能够描述保险车辆维修的流程。

建议学时:6学时。

✎ **知识准备**

一、汽车保险概述

机动车辆保险是以机动车辆本身及其相关经济利益为保险标的一种不定值财产保险。其中,机动车辆是指汽车、电车、电瓶车、摩托车、拖拉机、各种专用机械车和特种车。

汽车保险是机动车辆保险的一种,其保障范围包括车辆本身因自然灾害或意外事故导致的损失,以及车辆所有人或其允许的合格驾驶人因使用车辆发生意外事故所负的赔偿责任。

车辆本身损失常见原因有碰撞、倾覆、坠落、被外界物体砸、火灾、雹灾、其他自然灾害、爆炸、自燃、盗窃、抢劫、玻璃破碎、车辆停驶、车身划痕、标准配置外的设备损坏、随车行李物品损坏和事故发生后的抢险救灾费用等。为保障以上风险,各财产保险公司分别设立了相应的保险险种,如车辆损失险、全车盗抢险、自燃险、玻璃单独破碎险、发动机特别损失险、车辆停驶损失险、车身划痕险、新增设备损失险、随车行李物品损失险、涉水险等。

车辆在使用过程中还会引发的责任有因车辆发生碰撞、倾覆、坠落、火灾等意外事故导致第三者人员或财产损害的赔偿责任、车上人员或财产损害的赔偿责任;因车载货物掉落而引起的第三者人员或财产损害的赔偿责任。这样又设立了除车辆本身以外的相关险种,如机动车第三者责任险、车上人员责任险、车上货物责任险、车载货物掉落责任险等。

1. 汽车保险的参与者

汽车保险的参与者中有保险人、投保人、被保险人、受益人及保险活动中介人。

(1)保险人。保险人指与投保人订立保险合同,并承担赔偿或者给付保险金责任的保险公司。在我国,保险公司的设立必须符合《中华人民共和国保险法》和《中华人民共和国公司法》的规定。

(2)投保人。投保人是指与保险人订立保险合同,并按照保险合同负有支付保险费义务的人。自然人和法人都可以成为汽车投保人。

(3)被保险人。被保险人是指其车辆等财产或者人身受保险合同保障,享有保险赔偿请求权的人。被保险人有一定的范围,可以是被保险人本人,也可以是被保险人以外的由被保险人允许的合格驾驶人员。

(4)保险活动中介人。保险中介人是指介于保险人和投保人之间,专门从事汽车保险业务咨询与招揽、风险管理与安排、价值衡量和评估、损失鉴定与理赔等中介服务活动,并从中获取手续费或佣金的单位或个人。现在特约销售服务站及一些有规模的一、二类修理厂都担任着这个角色。

2. 保险合同的形式

保险合同主要分为投保单、保险单、保险凭证、暂保单以及批单五种形式。

(1)投保单。投保单是投保人向保险人申请订立保险合同的书面要约,也是保险人承保的依据。

（2）保险单。保险单是保险人和投保人之间订立保险合同的正式书面文件,是保险人向被保险人履行赔偿或给付义务的依据。

（3）保险凭证。保险凭证是保险人签发给投保人或被保险人证明保险合同已经订立的书面凭证,是一种简化的保险单,与保险单具有同等的法律效力。

（4）暂保单。暂保单是保险人或保险代理人向投保人出具保险单或保险凭证之前签发的临时保险凭证。有效期限较短为 30 天,但效力等同于保险单或保险凭证。

（5）批单。批单是保险合同双方当事人对于保险合同的内容进行修改或变更的证明文件。

3.汽车保险的投保方式

（1）电话投保。

（2）上门投保。

（3）柜台投保。

（4）网上投保。

（5）通过代理人投保。

（6）通过保险经纪人投保。

当投保人确定了保险种类、保险产品和投保方式后就可以进行投保操作。

二、汽车保险产品

根据我国目前机动车保险的政策,机动车保险因保险性质的不同,其产品一般分为两大类:交强险和商业险。交强险强制购买,商业险自愿购买;交强险只针对第三方受害人的基本权益进行保障,而商业险种类较多,针对不同的车辆使用风险设立有不同的保险产品种类,如图 5-8 所示。

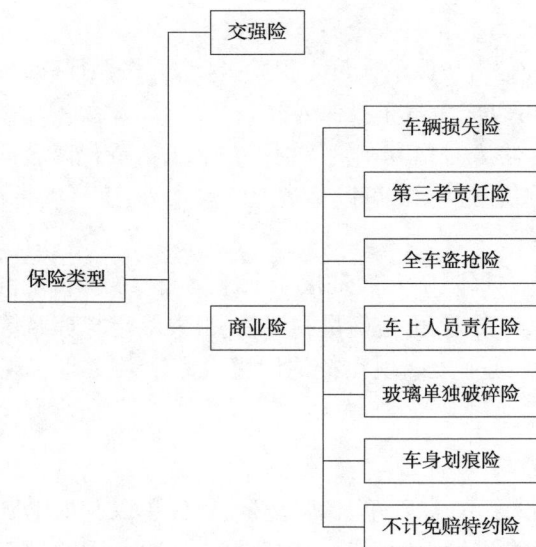

图 5-8　汽车保险产品

1. 交强险

交强险的全称是"机动车交通事故责任强制保险",是由保险公司对被保险机动车发生道路交通事故造成受害人(不包括本车人员和被保险人)的人身伤亡、财产损失,在责任限额内予以赔偿的强制性责任保险。

(1)交强险只承保机动车辆车上人员、被保险人之外的第三人所遭受的损害。

(2)第三人所遭受的损害包括人身损害和财产损失,不包括精神损害。

(3)交强险有一定的责任限额,保险人只在该限额内承担支付保险金的责任。

交强险保险责任限额主要分为:

①死亡伤残赔偿限额:有责时 110000 元,无责时 11000 元。

②医疗费用赔偿限额:有责时 10000 元,无责时 1000 元。

③财产损失赔偿限额:有责时 2000 元,无责时 100 元。

交强险自 2006 年 7 月 1 日起施行,2007 年 7 月 1 日后,其费率在全国范围内统一施行与交通事故相联系,暂不在全国范围内统一施行与道路交通安全违法行为相联系的浮动机制。

根据《机动车交通事故责任强制保险条例》的规定,在中华人民共和国境内道路上行驶的机动车的所有人或者管理人都应当投保交强险,机动车所有人、管理人未按照规定投保交强险的,公安机关交通管理部门有权扣留机动车,通知机动车所有人、管理人依照规定投保,并处应缴纳的保险费的 2 倍罚款。

2. 机动车商业保险

(1)我国机动车商业保险概述。

根据保障的责任范围,机动车商业险分为基本险和附加险。基本险也叫主险,是对车辆使用过程中大多数车辆使用者经常面临的风险给予保障。附加险是对主险保险责任的补充,它承保的一般是主险不予承保的自然灾害或意外事故。附加险不能单独承保,必须投保相应主险后才能承保。

2003 年前,我国采用的是严格的机动车保险条款管理制度,其保险险种非常有限。2003 年 1 月 1 日起,我国三大财产保险公司,中国人寿保险股份有限公司(以下简称人保)、中国平安保险公司(以下简称平安)、中国太平洋保险公司(以下简称太平洋)根据保监会的通知,自主制订了个性化车险险种并在全国范围内实施。

经过三年实践,2006 年由保险行业协会决定牵头开发了 2006 版 A、B、C 三套条款,其中,由人保负责制订 A 款、平安负责制订 B 款、太平洋负责制订 C 款。三套条款都只对车辆损失险和第三者责任保险这两个主险进行了统一,要求人保、平安、太平洋三大公司各选其一进行试行,试行同时继续修改。

为更好保护投保人、被保险人合法权益,推动保险行业加快转型升级,促进保险市场可持续健康发展,中国保险行业协会推出了 2014 版机动车综合商业保险示范条款,分三个阶段在全国开始试行。2015 年 6 月 1 日正式在黑龙江省、山东省、陕西省、广西壮族自治区、重庆市、青岛市启动试点;2016 年 1 月 1 日起,天津市、内蒙古自治区、吉林省、安徽省、河南省、湖北省、湖南省、广东省、四川省、青海省、宁夏回族自治区、新疆维吾尔自治区等地停止使用 2007 版商业车险条款及费率;同年 7 月 1 日起,全国商业车险改革全面实施。继首批和第二批省市试点商业车险费改革后,北京市等 18 个省市第三批实施商车改革的省市陆续改革完成。

此次商业车险改革以后,主险包括机动车损失保险、机动车第三者责任保险、机动车车上人员责任保险、机动车全车盗抢保险共四个独立的险种,投保人可以选择投保全部险种,也可以选择投保其中部分险种。保费在原有根据出险次数浮动的基础上与交通违章次数、车型零整比挂钩;闯红灯、超速等严重交通违法行为将导致车险费率升高,最高上浮 45%;零整比高的豪华车型也将面临更高的保费。另外,车险改革内容中还涉及没上牌的机动车也可获赔、自家人也列入承保范围、自然灾害伤人可获赔、旧车按照折旧价格投保、无法找到第三方特约险、保险公司代为追偿等问题的解决。

目前我国机动车保险产品的分类见表 5-5。

我国机动车保险产品的分类   表 5-5

三套条款	A 款(人保)险种构成	B 款(平安)险种构成	C 款(太平洋)险种构成
主险	(1)机动车第三者责任保险; (2)家庭自用汽车损失保险; (3)非营业用汽车损失保险; (4)特种车保险; (5)摩托车、拖拉机保险; (6)机动车车上人员责任保险; (7)机动车盗抢保险	(1)商业第三者责任保险; (2)车辆损失险; (3)全车盗抢险; (4)车上人员责任险; (5)摩托车、拖拉机保险	(1)机动车损失保险; (2)机动车第三责任保险; (3)机动车车上人员责任险; (4)机动车全车盗抢损失险; (5)摩托车、拖拉机保险
附加险、特约条款	(1)玻璃单独破碎险; (2)车身划痕损失险; (3)可选免赔额特约条款; (4)不计免赔率特约条款	(1)玻璃单独破碎险条款; (2)车身划痕损失险条款; (3)基本险不计免赔率特约条款	(1)玻璃单独破碎险; (2)车身油漆单独损伤险; (3)车损免赔额特约条款; (4)基本险不计免赔特约条款

(2)主要商业险的分类。

①车辆损失险。

在我国,车辆损失险是包括碰撞在内的一种综合险,其保险标的是各种机动车辆的车身及其零部件、设备等。当被保险车辆遭受保险责任范围的自然灾害或意外事故,造成保险车辆本身损失时,保险人应当依照保险合同的规定给予赔偿。

②第三者责任险。

负责赔偿保险车辆因意外事故,致使第三者遭受人身伤亡或财产直接损失,保险人依据保险合同的规定给予补偿。此险种是自愿保险,消费者可根据自身的需要,在投保交强险基础上选择投保不同档次责任限额的商业第三方责任险,一般分为 5 万元、10 万元、15 万元、20 万元、30 万元、50 万元、100 万元和 100 万元以上不超过 1000 万元的档次。

③全车盗抢险。

该险种负责赔偿车辆因被盗窃、被抢劫造成的全部损失，以及被盗窃、被抢劫期间由于车辆损坏或车上零部件、附属设备丢失所造成的损失。

④车上人员责任险。

该险种负责赔偿车辆发生意外事故造成车上人员的人身伤亡(包括驾驶员和乘客)和所载货物的损失。

⑤玻璃单独破碎险。

该险种专门为挡风玻璃和车窗玻璃设计。对于玻璃单独破碎险，是指车辆在停放或使用过程中，其他部分没有损坏，仅风窗玻璃和车窗玻璃(不包括车灯、车镜玻璃)单独破碎，保险公司负责赔偿，对于高档车是很有必要买这个险种的。

⑥车身划痕险。

该险种是作为车损险的补充，能够为意外原因造成的车身划痕提供有效的保障。划痕险针对的是车身漆面的划痕，若碰撞痕迹明显，划了个口子，或者是大凹坑，就不属于划痕，属于车损险的理赔范围。

⑦不计免赔特约险。

不计免赔特约险仅针对车辆损失险和第三者责任险范围内的损失，不适用附加险的免赔规定。根据条款规定，一般情况下，上述险种范围内的每次保险事故与赔偿计算履行按责免赔的原则，车主须按事故负责任大小承担一定比例的损失(称为免赔额)。但如果投保了不计免赔特约险，发生保险事故后，保险公司不再按原免赔规定进行免赔，而按规定计算的实际损失给予赔付。

三、机动车辆的投保

机动车辆的投保，就是投保人购买机动车辆保险产品，办理保险手续，与保险人正式签订机动车辆保险合同的过程。投保操作就是办理相应的保险手续，该手续一般要经过以下程序：准备材料，填写投保单，交保险费并签订保险合同，领取保险单证并进行妥善保管。

1. 机动车辆投保的条件

(1)有正式的车辆号牌，如果是新车投保，在车辆上牌的同时办理保险业务。如果是购买的新车要开往异地的，投保单程提车保险的，必须有公安交通管理部门核发的临时车辆号牌。

(2)有公安交通管理部门核发的机动车辆行驶证。

(3)有车辆检验合格证和购车发票。新车应有出厂前的检验合格证，在用车的行驶证上应有年审的合格章。所投保的车辆必须达到《机动车运行安全技术条件》(GB 7258—2017)的要求，否则视为质量不合格车辆或报废车辆，不具投保资格。

(4)对于在用车续保的应提供商年度保单正本。

另外，车辆应维护良好，清洁干净，技术状况符合国家相关标准。

2. 机动车辆保险金额

保险金额主要是针对机动车辆损失险、全车盗抢险及附加险而言的。

保险金额由投保人和保险人从下列 3 种方式中选择确定,保险人根据确定保险金额方式的不同承担相应的赔偿责任。

(1)按投保时被保险车辆的新车购置价确定。

新车购置价是指在保险合同签订地购置与被保险车辆同类型新车的价格(含车辆购置税)。

投保时的新车购置价,根据投保时保险合同签订地同类型新车的市场销售价格(含车辆购置税)确定,并在保险单中载明,无同类型新车市场销售价格的,由投保人与保险人协商确定。

(2)按投保时被保险车辆的实际价值确定。

实际价值是指新车购置价减去折旧金额后的价格。

投保时被保险车辆的实际价值,根据投保时的新车购置价减去折旧金额后的价格确定。

被保险车辆的折旧按月计算,不足一个月的部分,不计折旧。9 座以下客车月折扣率为 0.6% ,10 座以上客车月折扣率为 0.9% ,最高折扣金额不超过投保时被保险机动车新车购置价的 80% 。

折旧金额 = 投保时的新车购置价 × 被保险机动车已使用月数 × 月折扣率

(3)在投保时被保险车辆的新车购置价内协商确定。

投保人和保险人可根据实际情况选择保险金额的确定方式。原则上新车按第一种方式承保,旧车可以在上述 3 种方式中由投保人和保险人双方自愿协商确定,但保险金额的不同确定方式,直接影响和决定发生保险事故时保险赔偿的计算原则。保险人根据保险金额确定方式的不同承担相应的赔偿责任。

另外,投保车辆标准配置以外的新增设备,应在保险合同中列明设备名称和价格清单,并按设备的实际价值相应的增加保险金额。新增设备随保险车辆一并折旧。

四、保险车辆理赔的流程

机动车保险理赔是指被保险的车辆在发生保险责任范围内的事故后,保险人依据保险合同对被保险人提出的索赔请求进行处理的行为。保险理赔一般应遵守"重合同、守信用、实事求是、主动、迅速、准确、合理"的原则。

机动车辆的保险理赔工作,一般都要经过受理保险、现场查勘、确定保险责任并立案、定损核损、赔款理算、核赔、结案处理、理赔案卷归档等过程。

在车辆出险后,当事人要保护现场,及时报案,除了向公安交通管理部门报案外,还要及时向保险公司报案。当交警或保险公司查勘人员到达现场后,要做到:

(1)当事人出示保险凭证、行驶证、驾驶证、被保险人身份证。

(2)当事人出示保险单。

(3)当事人填写出险报案表,详细填写出险经过、出险地点、时间、报案人、驾驶员和联系电话。

(4)保险公司理赔员和当事人一起检查车辆外观,拍照定损并现场估损。

（5）交付维修站拆检。

（6）根据拆检结果列出清单并报价。

（7）核价完成后，定损人员开具定损单，当事人签字认可。

（8）确定维修项目及维修时间，开具任务委托单。

（9）将受损车辆交于维修单位进行修理。

以上是事故车辆车主要做的事情，也是保险公司理赔员必须做到的事情。一定要注意做好前期工作，避免事后理赔时麻烦被动。机动车辆保险的理赔业务流程如图5-9所示。

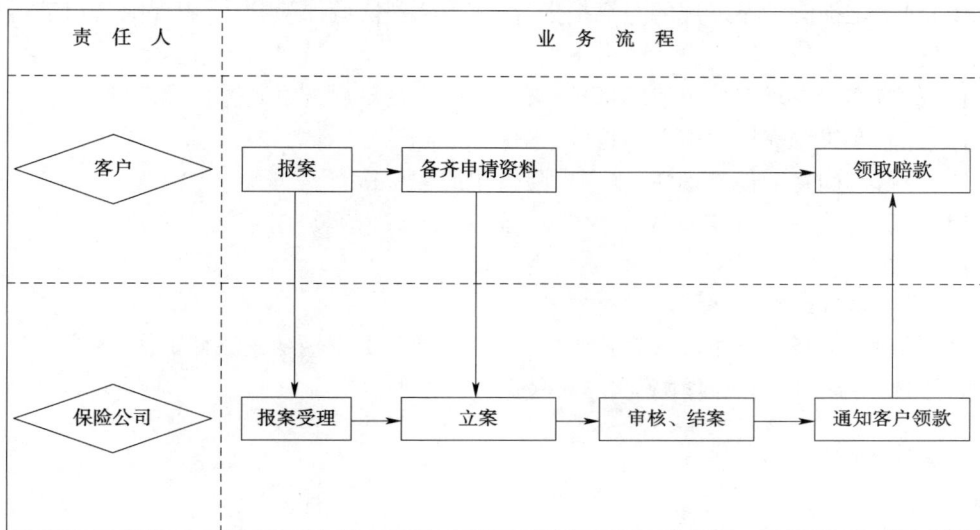

图5-9　机动车辆保险的理赔业务流程

五、保险事故车辆维修的流程

保险事故车辆维修流程一般如下：

（1）保险事故车辆进厂后，应确定是否需要保险公司一同进行受损车辆损伤鉴定，若需要，由业务经理负责联系保险公司进行鉴定，切不可不经保险公司鉴定直接拆解，以免引起纠纷。

保险车辆维修的流程

（2）要积极协助保险公司完成对车辆查勘，照相及定损（包含现场定损及远程定损）等必要工作。

（3）保险公司鉴定结束后，由车间主任负责安排班组进行拆检，各班组长将拆检过程中发现的损伤件列表，并通知车间主任或业务经理。

（4）服务主管将损伤件列表后联系保险公司，对车辆进行全面定损并协商保险车维修工时费。定损时应由业务经理陪同，业务经理不在，应提前向业务接待员交代清楚。

（5）业务接待根据保险公司定损单下达《维修任务委托书》。客户有自费项目时，应征得客户同意，并另开具一份《维修任务委托书》后，然后将《维修任务委托书》交由车间主管安排生产。

（6）业务接待开完维修任务委托书后，将定损单转报给报价员。

（7）报价员将定损单所列材料项目按次序填入汽车部件报价单，报价单必须注明车号、车型、单位、底盘号，然后与相关配件管理人员确定配件价格，并转交备件主管审查。

（8）报价员在备件主管确定备件价格、数量、项目后，向保险公司报价，并负责价格的回返。

（9）报价员将保险公司返回价格交备件主管审核，如价格有较大出入，由业务经理同保险公司协调。报价员将协调后的回价单复印后，将复印件转交备件主管。

（10）对于定损时没有发现的车辆损失，由业务经理协调保险公司，由保险公司进行二次查勘定损。

（11）如有客户要求自费更换的部件，必须由客户签字后方可到零件库房领取。

（12）保险车维修完毕后应严格检验，确保维修质量。

（13）维修车间将旧件整理后，以便保险公司或客户检查。

（14）检验合格后，将《维修任务委托书》转交业务接待员审核，注明客户自费项目。审核后转结算处。

（15）结算员在结算前将所有单据准备好。

（16）最后由业务接待员通知客户结账，业务经理负责车辆结账解释工作。

如有赔偿转让由业务经理协调客户、保险公司办理。

操作指引

1. 组织方式

（1）将 6～8 名学生分为一组，并推选一位组长。

（2）以本学习任务描述的情境故事为背景，设计保险理赔的案例。

（3）设计完成后，在汽车售后维修服务顾问仿真实训室内，从每组中抽选 2～3 名学生扮演某个保险理赔环节处理过程中的角色。

（4）演练完成后，先由组内其他同学提出看法及建议，再由其他组别观摩的同学提出看法及建议，最后由老师总结评价。

2. 操作要求

（1）每组演练及点评时间总共不超过 15min。

（2）情境演练需要整车 1 台、各类表格及汽车售后维修服务顾问仿真操作系统。

（3）注意车身漆面的保护。

（4）自觉遵守安全操作及 5S 的工作要求。

任务实施

（1）根据任务描述，模拟保险专员进行客户保险理赔处理，要求处理过程中能够按照保险理赔流程正确有效处理保险理赔业务，并运用正确的话术使客户达到满意。二人为一组，任务考核工单见表 5-6。

任务考核工单

表 5-6

任务编号：	任务名称：保险理赔处理			成绩	
				学时	
姓名		学号		学号	

能力目标	1. 能够运用正确的礼仪规范迅速接待客户； 2. 能够遵循正确的保险理赔流程处理车辆修复及理赔问题； 3. 能够体现客户关怀、实现客户满意				
设备、工具准备	展示车辆、相关服务单据、车辆五件套、接待台及模拟服务系统、茶饮				

	任务标准			完成情况	
				完成	有待改善
	礼仪规范				
	服饰整洁、精神饱满				
	微笑、自然、语气亲切				
	主动、迅速、仪态稳重				
	用语礼貌、语速适中				
	沟通技巧				
	耐心倾听				
	提问及接待时机准确				
考核指标	有书面记录，且总结归纳客户提问				
	自我介绍				
	工作流程				
	了解事故原因				
	确定保险责任				
	受损车辆拆检鉴定				
	确定是否符合理赔条件				
	确定维修方案				
	理算赔付金额				
	与客户协商解决问题				
	制订解决方案				
	进行跟踪反馈				
	改进行动				
考核结果	礼仪规范	5	4	3	2	1
	沟通技巧	5	4	3	2	1
	工作流程	5	4	3	2	1

（2）任务下达时，要求学生能正确分析客户需求信息，讨论并制订出合理的处理方案。

（3）任务实施时，指导老师应指导学生学会收集必要的信息来帮助任务的完成，必要时给予理论知识的讲解。

(4)模拟训练时,应注意强调热情、准确、高效地完成任务,正确完成处理流程。

(5)观摩的同学应讨论模拟过程中不符合要求的地方,提出改善意见。

任务小结

(1)汽车保险是指以机动车辆为保险标的保险,其保障范围包括车辆本身因自然灾害或意外事故导致的损失,以及车辆所有人或其允许的合格驾驶人因使用车辆发生意外事故所负的赔偿责任。

(2)汽车保险的参与者中有保险人、投保人、被保险人、受益人及保险活动中介人。

(3)保险合同主要分为投保单、保险单、保险凭证、暂保单以及批单五种形式。

(4)根据我国目前机动车保险的政策,机动车保险因保险性质的不同,其产品一般分为两大类:交强险和商业险。交强险强制购买,商业险自愿购买;交强险只针对第三方受害人的基本权益进行保障,而商业险种类较多,针对不同的车辆使用风险设立有不同的保险产品种类。

(5)交强险全称是"机动车交通事故责任强制保险",是由保险公司对被保险机动车发生道路交通事故造成受害人(不包括本车人员和被保险人)的人身伤亡、财产损失,在责任限额内予以赔偿的强制性责任保险。

(6)根据保障的责任范围,机动车商业险分为基本险和附加险。基本险也叫主险,是对车辆使用过程中大多数车辆使用者经常面临的风险给予保障。附加险是对主险保险责任的补充,它承保的一般是主险不予承保的自然灾害或意外事故。附加险不能单独承保,必须投保相应主险后才能承保。

(7)机动车商业险主险包括有机动车损失保险、机动车第三者责任保险、机动车车上人员责任保险、机动车全车盗抢保险共四个独立的险种,而附加险有自燃险、玻璃单独破碎险、发动机特别损失险、车辆停驶损失险、车身划痕险、新增设备损失险、随车行李物品损失险、涉水险等。

(8)机动车辆的投保,就是投保人购买机动车辆保险产品,办理保险手续,与保险人正式签订机动车辆保险合同的过程。投保操作就是办理相应的保险手续,该手续一般要经过以下程序:准备材料,填写投保单,交保险费并签订保险合同,领取保险单证并进行妥善保管。

(9)机动车保险理赔是指被保险的车辆在发生保险责任范围内的事故后,保险人依据保险合同对被保险人提出的索赔请求进行处理的行为。一般都要经过受理保险、现场查勘、确定保险责任并立案、定损核损、赔款理算、核赔、结案处理、理赔案卷归档等过程。

项目六　客户异议处理

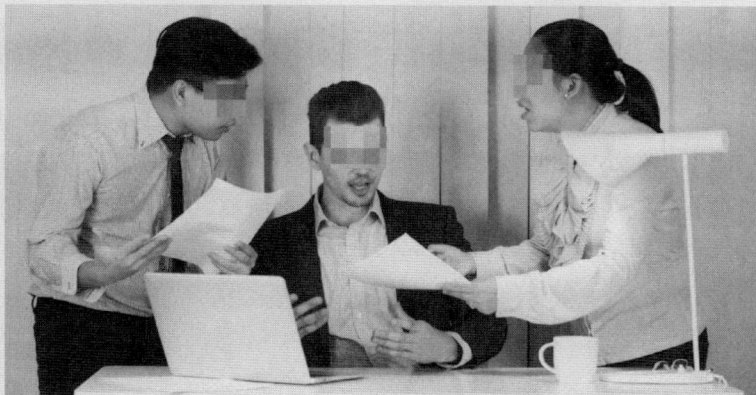

　　在对汽车售后服务满意度的调查中发现,客户对售后服务中各环节的异议、抱怨为主要影响因素。因此,服务顾问如何通过沟通了解到异议、抱怨产生的原因,如何处理好各种意义及抱怨,使其不上升到投诉,一般流程又是如何,这都是我们必须解决的问题,本项目将主要引导学生逐步解决这些问题。

学习任务

1. 客户异议处理
2. 客户抱怨处理
3. 客户投诉处理

学习任务1　客户异议处理

任务描述

　　客户陈先生的迈腾车已有两年车龄,每次到店做维护结账时便会软磨硬泡,对维护项目问这问那,想让服务顾问李想多打折。李想每次总是无可奈何地想办法给陈先生最低折扣。今天陈先生预约来店做4万km维护,李想又会怎样面对陈先生呢?

📖 **学习目标**

(1)能够描述客户异议的概念。

(2)能够把握客户心理。

(3)会判断客户异议的类型。

(4)会分析各类异议产生的原因。

(5)会处理不同类型的异议。

建议学时:4 学时。

📖 **知识准备**

一、客户异议

在汽车售后服务中,客户异议指客户对维修品质、服务质量或者价格等发出的怀疑、抱怨,提出否定或反对意见,并抱有抵触情绪。但并不是所有的异议都代表客户对服务的不满,而是对经销商所提供服务的错误看法和分歧。因此只有采取积极的方法,妥善的解决客户的疑问,才能达到使客户对服务的满意效果。

二、客户异议的类型

在汽车售后服务过程中,我们一般把客户异议分成以下几种类型。

1. 真实异议

(1)在服务过程中,由于服务顾问或者车间维修服务人员自身经验缺乏,对车辆维护内容或者维修项目以及零部件或工时费报价等方面解释说明不清、针对性不强,导致客户对某些服务环节了解不足,从而产生异议。

(2)有些客户在车辆维修方面甚至是日常使用方面的知识欠缺,希望通过询问服务顾问或者车间维修服务人员来了解相关知识。他们不是正面咨询,而是以提出各种异议的方式来进行咨询。

(3)无论客户满意与否,他们都希望在价格方面获得一定的优惠,因此售后服务人员必须耐心、准确的处理这样的价格异议。

(4)车辆维护服务中服务环节较多,由于服务态度、服务失误等原因,都可能造成客户出现异议,当然有的客户会保持沉默,而有的客户就会很快地提出异议。

2. 非真实异议

有时候客户提出的异议,并不是由于售后服务人员提供的服务有问题,而是由于客户自身的某些原因而提出异议,此类非真实异议建议不要去正面解决。

(1)当客户处于心情不好,情绪不稳定的时候,他们对服务过程所提出的异议为个人情绪所致。

(2)有的客户喜欢表现自己的专业性,会对服务过程中某些环节或个别项目提出自己一些或对或错的看法。

（3）有的客户虽然对各环节服务人员提供的服务已经满意，但为了获得更多的优惠，故意提出一些异议以达到获得折扣的目的。

三、客户异议处理方式

1. 处理客户异议的原则

服务人员在处理与客户异议的过程中，首先要做好客户提出异议的充分准备，无论客户提出的异议是对是错，是真实的还是非真实的，都要注意以诚相待、耐心沟通，学会维护客户的自尊，不要与客户争吵而导致矛盾升级。

2. 真实异议的处理方式

（1）向客户解释服务项目。

服务人员向客户解释维修项目，或向客户说明车辆日常使用时所发生的异常的处理，有利于服务人员服务接待能力及熟练程度的提高，并可增强对各类汽车售后服务的认知水平和技能技巧，同时，通过不断学习和积累提升服务质量和沟通水平，使客户能够满意。

（2）使用合理有效的方法处理价格问题。

价格问题一直是服务过程中，服务人员与客户之间存在的现实问题。虽然，价格问题有时并不涉及服务质量，但是从心理角度分析，客户总是希望能获得或多或少的优惠，尤其是在经济型车为主的消费群体中。这时，服务人员一定要使用合理有效的方法来处理此类异议，以达到维护双方利益的目的。

①利益法。

服务人员要向客户说明清楚服务环节或项目的必要性，会给客户带来哪些利益，如：车辆的安全性、使用寿命、保值性等，让客户能深刻认识这些项目给自己带来的真实利益。

②分解法。

服务人员在向客户说明维修项目时，要耐心细致的向客户介绍每项维修内容及价格。让客户充分了解每个项目的必要性，对于客户而言这些项目是客户可选范围内最经济最实惠的。

③价值传递法。

在解释总价过高的维修费用时，应先逐项传递维修服务的价值所在，让客户感觉是站在他的角度在进行项目的选择，减少其抗拒和排斥的心理，让其逐项接受和认可项目选择的必要性，从而认同整个维修项目组合。

④附赠法。

客户希望获得规定之外的折扣是服务人员经常遇到的异议，而在服务过程无明显失误时，我们一般采取赠送客户小礼物等手段来达到价格协商的目的。

3. 非真实异议的处理方式

（1）对于由于客户自身的情绪导致的异议，服务人员要注意观察客户的表情来选择说话的时机和方式。当客户情绪不好时,尽量不要与其直接交流,可以采取保持沉默、表示某种歉意、装作处理急事、给客户倒水、引入轻松话题等方法转移客户视线,从而打消客户欲争吵的冲动。

（2）对于客户为了展示个人的专业水平而导致的异议,服务人员要注意不去评论客户的对与错,适当赞美和认同客户正确的说法;而对客户错误或幼稚的说法不做评判和解释,尽量回避不必要的争执。

（3）对于为了获得价格或其他方面的优惠故意提出异议的客户,服务人员一定要注意权衡企业和客户双方的利益,保持原则。要充分表现出诚信的一面,用适当合理的建议来让步,为客户提供台阶。

操作指引

1. 组织方式

（1）将6~8名学生分为一组,并推选一位组长。

（2）以本学习任务描述的情境故事为背景,设计客户异议的各类案例。

（3）设计完成后,在汽车售后服务接待仿真实训室内,从每组中抽选2~3名学生扮演某项异议处理过程的角色。

（4）演练完成后,先由组内其他同学提出看法及建议,再由其他组别观摩的同学提出看法及建议,最后由老师总结评价。

2. 操作要求

（1）每组演练及点评时间总共不超过15min。

（2）情境演练需要整车1台、各类表格及服务接待仿真操作系统。

（3）注意车身漆面的保护。

（4）自觉遵守安全操作及5S的工作要求。

任务实施

（1）根据本学习任务描述,模拟服务顾问进行客户异议处理,要求处理过程中能够有效地分析客户心理,运用正确的方法使客户达到满意。二人一组,任务考核工单见表6-1。

任 务 考 核 工 单　　　　　　　　　　表6-1

任务编号:	任务名称:客户异议处理			成绩	
				学时	
姓名		学号		班级		组别	
能力目标	1. 能够运用正确的礼仪规范迅速接待客户; 2. 能够遵循客户异议处理流程处理客户投诉; 3. 能够体现客户关怀、实现客户满意				
设备、工具准备	展示车辆、相关服务单据、车辆五件套、接待台及模拟服务系统、茶饮				

续上表

	任务标准				完成情况	
					完成	有待改善
	礼仪规范					
	服饰整洁、精神饱满					
	微笑、自然、语气亲切					
	主动、迅速、仪态稳重					
	用语礼貌、语速适中					
	沟通技巧					
	耐心倾听					
考核指标	提问及接待时机准确					
	有书面记录,且总结归纳客户提问					
	自我介绍					
	工作流程					
	确定客户的异议是否真实					
	确定事实、问题并找出原因					
	了解是否还有其他担心的问题					
	与客户协商解决问题					
	制订解决方案					
	进行跟踪反馈					
	改进行动					
	礼仪规范	5	4	3	2	1
考核结果	沟通技巧	5	4	3	2	1
	工作流程	5	4	3	2	1

(2)任务下达时,要求学生能正确分析客户需求信息,讨论并制订出合理的处理方案。

(3)任务实施时,指导老师应指导学生学会收集必要的信息来帮助任务的完成,必要时给予理论知识的讲解。

(4)模拟训练时,应注意强调热情、准确、高效地完成任务,正确完成处理流程。

(5)观摩的同学应讨论模拟过程中不符合要求的地方,提出改善意见。

任务小结

(1)客户异议是指客户对维修品质、服务质量或者价格等发出的怀疑、抱怨,提出否定或反对意见,并抱有抵触情绪。

(2)真实异议的处理方式:

①服务顾问能够向客户解释维修项目,或向客户说明车辆日常使用时所发生的异常的

处理。

②对于价格问题可使用利益法、分解法、价值传递法、附赠法等方法。

（3）非真实异议的处理方式：根据异议发生的原因，如：情绪导致、抬高自我、获得更优价格等，服务顾问要注意选择说话的时机和方式来处理问题。

学习任务 2　客户抱怨处理

任务描述

李先生驾车路上因制动失灵，就近去了该品牌的 4S 店修理。当时 4S 店告知该车是因驻车制动手柄未放开导致制动器烧坏，现已修复。李先生因当时有急事，未加多想就付钱开车走了。到家停车时发现，驻车制动手柄拉起指示灯不亮，也就是说驻车制动指示灯有问题。

李先生马上给这家 4S 店打电话，大声抱怨该 4S 店维修质量有问题、对客户不负责任等。服务顾问了解情况后应该如何面对客户的抱怨并给出合理的解释呢？

学习目标

（1）会分析客户抱怨产生的原因。

（2）能描述客户抱怨的各类行为。

（3）能运用实施服务补救的原则及方法。

（4）能运用处理客户抱怨的方法。

建议学时：6 学时。

知识准备

一、客户抱怨

所谓客户抱怨就是客户对产品或服务的不满和责难，意味着经营者所提供的产品或服务没达到他的期望、没满足他的需求，但另一方面，也表示客户仍旧对经营者具有期待，希望能改善服务水平。

客户对服务质量的满意可以定义为：将对接受的服务的感知与对服务的期望相比较，当感知超出期望时，服务被认为具有特别质量，客户表示出高兴和惊讶；当感知没有达到期望时，服务就不会被接受从而产生抱怨；当感知与期望对等时，客户就会达到满意，从而产生满足感。

二、导致客户抱怨的行为

在汽车售后服务过程中，导致客户产生抱怨的行为一般有以下几种。

1. 对服务质量的抱怨

在服务过程中,由于服务顾问或者车间维修服务人员的原因导致维修质量差、发生意外或故障、未遵守服务承诺、价格变化、交车时间过长、零部件不能及时到货等。

2. 对服务态度的抱怨

部分服务接待人员沟通技巧差、表情冷漠、态度傲慢生硬、含糊其辞、不尊重客户的生活习惯、故意拖延客户、业务不熟、失误较多等。

3. 对经销商的抱怨

经销商不注重社会形象,使客户失望。如:虚假广告宣传,未对服务人员进行正规培训,逃避客户的投诉,设施老化、不完善等。

三、服务补救

1. 服务补救的概念

服务补救是指当服务失误发生以后,服务提供方对客户的抱怨内容和不满意的程度所采取的反应和行动,也可称之为对客户抱怨的处理。

任何服务都会有瑕疵或失误之处,不抱怨并不代表就是好事。客户选择抱怨说明对产品或者服务还存在希望,而完全不抱怨则表明已经很不满意了。因此正确处理客户抱怨对于产品和服务的品质提升有着巨大的作用。

2. 服务补救的原因

在实际的工作中,服务人员及时的发现服务失误,并主动地采取补救措施是十分必要的。因为当服务失误产生后,随着时间的推移或事件的发展,客户的不满会逐渐增加,企业要进行服务补救时所付出的代价也会逐步增大。

(1)当服务人员由于某种原因出现服务失误,此时抱怨就开始产生,如果服务人员能及时发现,并主动与客户沟通,抱怨就能被及时的解决。

(2)如果服务人员在出现失误后,没有及时与客户沟通,而由客户现提出异议时,服务人员就需要向客户解释造成失误的原因,并向客户致歉。

(3)如果服务人员在客户对服务提出异议的时候,仍然没有足够的重视,就可能导致客户抱怨。对客户抱怨的处理,就需要服务人员向客户表达真诚的歉意。如果客户的抱怨情绪严重,服务人员还需要给予客户适当的经济补偿。

(4)如果服务接待没有及时解决客户的抱怨问题,矛盾会进一步升级,可能导致客户向上级部门投诉。一旦客户进行投诉,企业不仅要妥善的处理客户的投诉事件,进行失误补救,而且还要给予客户适当的经济补偿。

(5)如果客户进行了投诉,而问题仍没有得到及时的解决,客户的不满情绪就陷入僵局。随着时间的推移,客户的不满情绪就会进一步增加,并转换为对企业的负面口碑评价,此时企业要进行服务补救,就有可能付出更大的代价。

(6)如果客户的投诉没有得到及时的处理,僵局阶段双方也没有达成合理的解决协议,客户就可能进一步地采取公开的行动,来维护自己的权益,如:向法律的机关提出诉讼,媒体曝光等。如果造成此类重大的投诉,企业在进行服务补救时,不仅需要进行合理的经济赔偿,而且需要通过公关的手段来平息由于危机而带来的恶劣后果。

3. 使客户获得有效的服务补救

要使客户获得有效的服务补偿,可以从以下几个方面着手:

(1)服务补救应该是主动的。

(2)服务补救的过程需要有计划地进行。

(3)考虑适当的经济赔偿。

四、处理客户抱怨的方法

(1)由于服务人员自身的因素所导致的抱怨,如经验不足、沟通不够、服务不到位、客户理解偏差等,那么服务人员必须迅速承认错误,向客户表示真诚的歉意,安抚好客户的情绪,冷静地倾听客户的意见,找出正确的解决方案。

(2)采用先确定后转移的方式来进行服务补救。在进行解决方案的传递时要注意留有余地,要注意公平的提出解决问题的方案,不要有意地去辩解失误的原因,因为这些问题无助于问题的解决,且客户对这样的辩解并不关心。在对客户的抱怨进行服务补救时,服务人员应有意识地引导客户向有利于自己能进一步解释的方向来考虑问题,这样才能使服务补救成为下一次服务推销的机会。

操作指引

1. 组织方式

(1)将 6~8 名学生分为一组,并推选一位组长。

(2)以本任务中任务描述的情境故事为背景,设计客户抱怨的各类案例。

(3)设计完成后,在汽车售后服务接待仿真实训室内,从每组中抽选 2~3 名学生扮演某项抱怨处理过程的角色。

(4)演练完成后,先由组内其他同学提出看法及建议,再由其他组别观摩的同学提出看法及建议,最后由老师总结评价。

2. 操作要求

(1)每组演练及点评时间总共不超过 15min。

(2)情境演练需要整车 1 台、各类表格及服务接待仿真操作系统。

(3)注意车身漆面的保护。

(4)自觉遵守安全操作及 5S 的工作要求。

任务实施

(1)根据本学习任务中的任务描述,模拟服务顾问进行客户抱怨处理,要求处理过程中能够有效地分析客户心理,运用正确的方法使客户达到满意。二人为一组,任务考核工单见表 6-2。

任务考核工单

表 6-2

任务编号:	任务名称:客户抱怨处理			成绩	
				学时	
姓名		学号	班级	组别	

能力目标	1.能够运用正确的礼仪规范迅速接待客户; 2.能够遵循客户抱怨处理流程处理客户投诉; 3.能够体现客户关怀、实现客户满意				
设备、工具准备	展示车辆、相关服务单据、车辆五件套、接待台及模拟服务系统、茶饮				

考核指标	任 务 标 准			完 成 情 况	
				完成	有待改善
	礼 仪 规 范				
	服饰整洁、精神饱满				
	微笑、自然、语气亲切				
	主动、迅速、仪态稳重				
	用语礼貌、语速适中				
	沟 通 技 巧				
	耐心倾听				
	提问及接待时机准确				
	有书面记录,且总结归纳客户提问				
	自我介绍				
	工 作 流 程				
	确定客户的抱怨是否真实				
	确定事实、问题并找出原因				
	了解是否还有其他担心的问题				
	与客户协商解决问题				
	制订解决方案				
	进行跟踪反馈				
	改进行动				

考核结果	礼仪规范	5	4	3	2	1
	沟通技巧	5	4	3	2	1
	工作流程	5	4	3	2	1

(2)任务下达时,要求学生能正确分析客户需求信息,讨论并制订出合理的处理方案。

(3)任务实施时,指导老师应指导学生学会收集必要的信息来帮助任务的完成,必要时给予理论知识的讲解。

（4）模拟训练时，应注意强调热情、准确、高效地完成任务，正确完成处理流程。

（5）观摩的同学应讨论模拟过程中不符合要求的地方，提出改善意见。

任务小结

（1）客户抱怨就是客户对产品或服务的不满和责难，意味着经营者所提供的产品或服务没达到他的期望、没满足他的需求，但另一方面，也表示顾客仍旧对经营者具有期待，希望能改善服务水平。

（2）服务补救是指当服务失误发生以后，服务提供方对客户的抱怨内容和不满意的程度所采取的反应和行动，也可称之为对客户抱怨的处理。

（3）有效的服务补救：

① 服务补救应该是主动的；

② 服务补救的过程需要有计划地进行；

③ 考虑适当赔偿。

（4）处理客户抱怨的方法：

① 由于服务人员自身的因素所导致的抱怨，应迅速承认错误，表示歉意，安抚情绪，倾听意见并找出解决方案；

② 采用先确定后转移的方式来进行服务补救，有意识地去引导客户消除抱怨。

学习任务 3 客户投诉处理

任务描述

陈先生的迈腾车行驶里程为 4.3 万 km，在自驾游途中，天窗突然自动开启，无论怎么调节天窗开关，天窗一直咯吱咯吱作响且关闭不了，陈先生认为平时使用车辆时很少开启天窗，为何这次在无人操作的情况下，天窗怎么会自动开启？天窗这样的配件很少使用，刚过保修期就出现了问题，应该是出现了质量问题。随即陈先生向 4S 店进行了投诉。售后顾问李想该如何处理呢？

学习目标

（1）了解客户投诉的概念。

（2）能够描述客户投诉的类型。

（3）能够描述处理客户投诉的一般流程。

（4）能运用处理客户投诉的技巧。

建议学时：6 学时。

知识准备

一、客户投诉

客户投诉是客户对企业产品质量或服务方面不满意,或者认为自己的合法权益受到侵害,从而向企业、政府或第三方管理机构提起的,书面或口头上的异议或抗议,要求索赔或者要求解决问题等方面的行为。

客户投诉是客户对企业管理和服务不满的一种诉求性很强的表达方式,也是企业有价值的信息来源,合理有效地处理客户投诉将会为企业创造更多新的机会,甚至是更多的利益。

二、客户投诉类型

汽车售后服务具有服务周期长、涉及面广、客户诉求复杂多变的特点,在服务过程中,经销商遇到的客户投诉类型如图6-1所示。

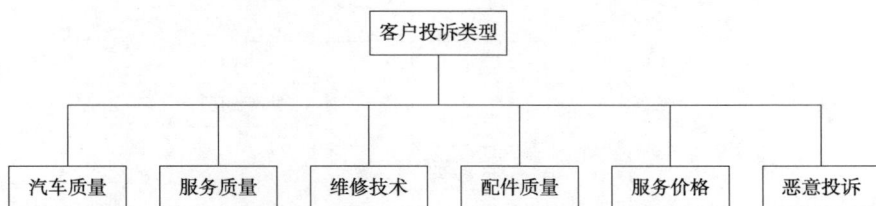

图6-1 客户投诉类型

(1)由汽车本身质量引起的投诉。因汽车本身存在缺陷或由于其他原因出现车辆性能障碍,使客户产生不满情绪,导致客户投诉。

(2)由服务质量引起的投诉。在服务过程中某个环节或项目内容出现沟通不够或服务态度不良,导致客户投诉。

(3)由维修技术引起的投诉。由于技术服务人员的维修技术水平差,故障不能一次性排除,甚至多次都不能排除,从而导致客户投诉。

(4)由零配件质量引起的投诉。汽车产品的零配件品种多、质量不稳定,容易出现索赔,若不能及时处理,会导致客户投诉。

(5)由服务价格引起的投诉。由于客户对市场行情不甚了解,服务价格高于客户原来的预期,而同时服务人员没能做好沟通工作,导致客户投诉。

(6)客户另有企图的恶意投诉。少部分客户单方面恶意扩大事态或被竞争对手利用,企图获得更多利益或达到其他目的的投诉。

三、处理客户投诉的一般流程

处理客户投诉的一般流程如图6-2所示。

```
                              ┌──────────────┐
                              │   客户投诉    │
                              └──────┬───────┘
                                     │
┌──────────────┐   现时处理          ▼                  ┌──────────────┐
│ 回答、解决顾客 │◄───────────┌──────────────┐          │ 客户投诉记录表 │
│  提问和要求    │            │耐心聆听，记录  │─────────►└──────────────┘
└──────────────┘            │  投诉内容     │
        ▲                    └──────┬───────┘
        │            待续处理        │
        │                           ▼
        │                    ┌──────────────┐   否     ┌──────────────┐
        │                    │判断投诉是否成立│────────►│   答复客户    │
        │                    └──────┬───────┘          └──────────────┘
        │                       是  │
        │                           ▼
        │                    ┌──────────────┐
        │                    │确定投诉处理责任部门│
        │                    └──────┬───────┘
        │                           │
        │                           ▼
        │                    ┌──────────────┐          ┌──────────────┐
        │                    │责任部门分析投诉原因│──────►│ 判定具体责任  │
        │                    └──────┬───────┘          └──────────────┘
        │                           │
        │                           ▼
        │                    ┌──────────────┐
        │                    │  提出处理方案  │
        │                    └──────┬───────┘
        │                           │
        │                           ▼
        │                    ┌──────────────┐
        │                    │ 提交主管领导批示│
        │                    └──────┬───────┘
        │              ┌───────────┴────────────┐
        │              ▼                        ▼
        │        ┌──────────┐            ┌──────────┐
        │        │ 通知客户  │            │ 处理责任人 │
        │        └────┬─────┘            └────┬─────┘
        │             ▼                       ▼
        │        ┌──────────┐            ┌──────────┐
        │        │实施处理方案│            │投诉表格管理│
        │        └────┬─────┘            └──────────┘
        │             │
        │             ▼
        │        ┌──────────┐
        └───────►│  总结评价  │
                 │  顾客满意  │
                 └──────────┘
```

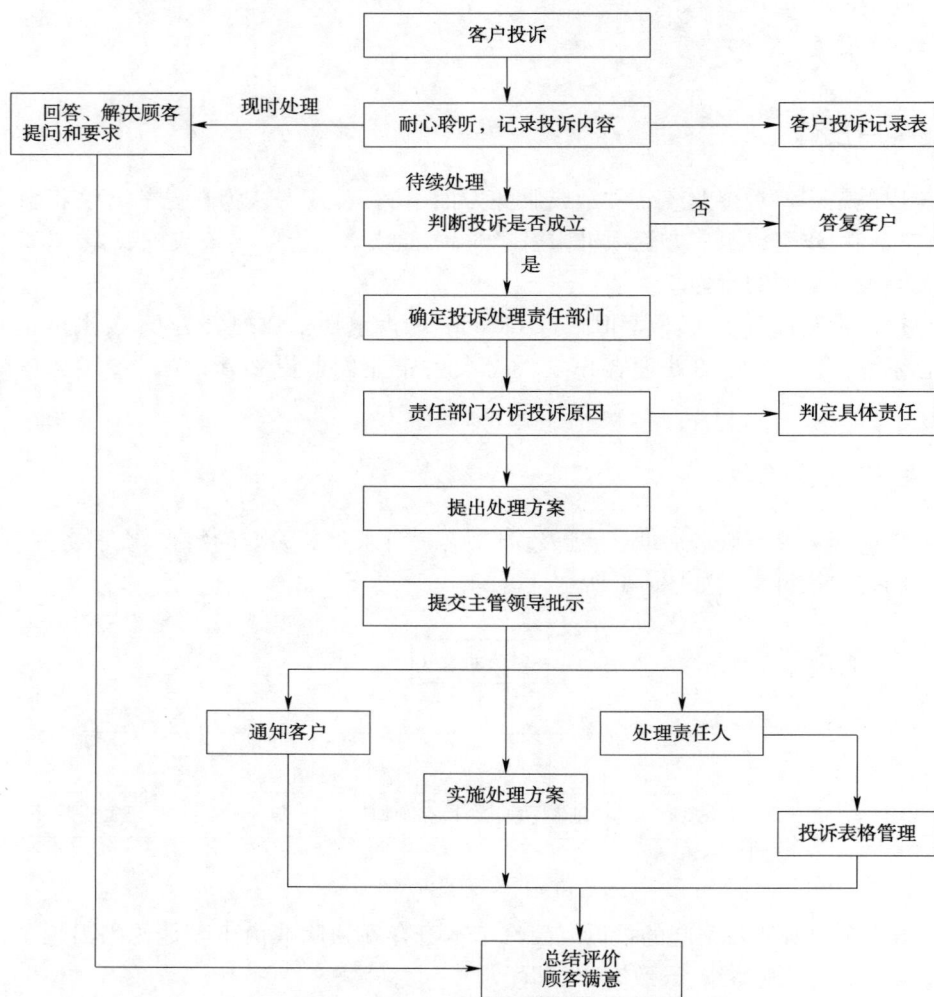

图 6-2 处理客户投诉的一般流程

1. 接受投诉

接到客户投诉时, 服务人员一定要做好相关记录, 根据客户投诉登记表详细记录客户投诉的全部内容, 如投诉人, 投诉时间, 投诉对象和投诉要求等。

（1）鼓励客户到经销店来。

（2）检查服务维修履历。

（3）与其他同事和管理层沟通。

（4）招呼客户并感谢他们到来。

（5）如果可以, 把客户带到单独的房间进行沟通。

（6）对于严重的投诉, 及时地与服务经理、客服主管等联系。

2. 认真倾听, 判定是否成立

在了解客户投诉的内容后, 要认真倾听, 确定客户投诉的理由是否充分, 投诉要求是否合理。如果投诉并不成立,就可以委婉的方式答复客户,以取得客户的谅解以便消除误会。

(1)让客户平静下来,认真倾听,不要打断客户。

(2)表示同情:"我理解你的感受"。

(3)抓住要点,做好记录。

(4)确定不满的原因。

(5)表现出为客户着想,愿意合理解决投诉的愿望。

3. 确认事实,找出真相

客户抱怨的原因千差万别,必须在弄清事实的基础上进行认真分析。在很多情况下客户会强调那些支持其观点的情况,所以服务接待不能马上作出判断,而通过内部信息系统查明客户投诉的具体原因及造成客户投诉的具体责任人。

(1)向客户提问。

(2)在车辆或现场查看,了解客户的想法。

(3)在给予评价前,确认问题所在。

(4)用 5W2H 的方法提问,并精确书面记录。

(5)回顾并参考以前的维修履历。

(6)如果需要进一步判断,请相关技术服务人员帮助。

4. 问题评估后,确定处理部门

依据客户对汽车使用和理解的不同,客户投诉的内容也不同。首先,要冷静地判断这件事情自己能否单独处理,如果必须由公司出面或其他部门处理,应马上转移到其他部门处理或提交到更高一层管理机构处理。依据客户投诉的内容,确定相关的具体受理单位和受理负责人。

(1)如果是产品质量问题,由于信息管理中心按照生产厂家的投诉处理流程上传生产厂家,由生产厂家指定投诉处理部门。

(2)如果是维修质量问题,则由售后经理确定解决方案,由服务接待负责安排为客户返修。

(3)如果是服务质量问题,由服务经理确定解决方案予以解决。

(4)导致重大责任事故的,上报总经理,由总经理协调各部门进行处理。

5. 提供解决方案

依据实际情况,参照客户的投诉要求,提出解决投诉的具体方案,如退换车、免费维修、提供免费服务、价格折让、赔偿等。

(1)向客户提出解决方案。

(2)征得客户同意后,才能实施。

(3)如无法取得客户同意,重新制订方案。

(4)尽量在客户面前解决。

6. 客户同意解决方案后应尽快处理,并注意收集客户的反馈意见

处理问题的时间是客户对汽车企业服务能力与服务品质评价的一个重要指标。如果处理时间拖的太长,不仅不利于问题的解决,有时甚至还会将问题进一步恶化。处理客户投诉的最佳方式是一边道歉一边使用各种应对方法建立客户对问题处理方式和结果认同。

(1)投诉后的服务跟踪反馈在 3 天内完成。如果是涉及安全方面的,需在 1 天内完成意见反馈。

(2)如果客户仍不满意,要在管理层的支持下再次予以解决。

(3)在经销商管理系统的客户履历中要记录联系方式、详细信息和过程细节。

7. 检讨结果,总结改进,做好记录

为了避免同样的事情再度发生,必须分析原因,检讨处理结果,并提出改进报告。

(1)每一次的投诉处理都要写入相关部门的服务质量记录,以便查阅和统计投诉规律,为达到零投诉的目标积累经验。

(2)在改进报告中,要向上级主管领导或公司董事会汇报有影响力的投诉事件或规律性的投诉事件,防止问题一而再,再而三的发生。

四、处理客户投诉的技巧

(1)解决问题前表示歉意,以诚恳、专注的态度来听取客户对汽车产品和服务的意见、不满和牢骚。

(2)当客户情绪激动的时候,要让客户放松下来,慢慢讲,从而起到稳定情绪的作用。

(3)学会站在客户的角度,不可心存偏见,不与他们发生争论,以免激化矛盾,扩大冲突。

(4)当投诉的问题比较严重时,可以采用换时、换地、换人的方法,减少冲突,避免激化,控制范围,换取客户冷静的时间。

(5)对于某些一般性的投诉,可以采用转移话题的方法,来调节客户的情绪。

操作指引

1. 组织方式

(1)将 6~8 名学生分为一组,并推选一位组长。

(2)以本学习任务描述的情境故事为背景,设计客户投诉的各类案例。

(3)设计完成后,在汽车售后服务接待仿真实训室内,从每组中抽选 2~3 名学生扮演某项投诉处理过程的角色。

(4)演练完成后,先由组内其他同学提出看法及建议,再由其他组别观摩的同学提出看法及建议,最后由老师总结评价。

2. 操作要求

(1)每组演练及点评时间总共不超过 15min。

(2)情境演练需要整车 1 台、各类表格及服务接待仿真操作系统。

(3)注意车身漆面的保护。

(4)自觉遵守安全操作及 5S 的工作要求。

任务实施

（1）根据本学习任务描述，模拟服务顾问进行客户投诉处理，要求处理过程中能够有效地分析客户心理，运用正确的方法使客户达到满意。二人为一组，任务考核工单见表6-3。

任务考核工单 表6-3

任务编号：	任务名称:客户投诉处理			成绩	
				学时	
姓名		学号	班级	组别	
能力目标	1.能够运用正确的礼仪规范迅速接待客户； 2.能够遵循客户投诉处理流程处理客户投诉； 3.能够体现客户关怀、实现客户满意				
设备、工具准备	展示车辆、相关服务单据、车辆五件套、接待台及模拟服务系统、茶饮				
考核指标	任务标准			完成情况	
				完成	有待改善
	礼仪规范				
	服饰整洁、精神饱满				
	微笑、自然、语气亲切				
	主动、迅速、仪态稳重				
	用语礼貌、语速适中				
	沟通技巧				
	耐心倾听				
	提问及接待时机准确				
	有书面记录，且总结归纳客户提问				
	自我介绍				
	工作流程				
	确定客户的投诉是否真实				
	确定事实、问题并找出原因				
	了解是否还有其他担心的问题				
	与客户协商解决问题				
	制订解决方案				
	进行跟踪反馈				
	改进行动				
考核结果	礼仪规范	5	4	3	2	1
	沟通技巧	5	4	3	2	1
	工作流程	5	4	3	2	1

（2）任务下达时，要求学生能正确分析客户需求信息，讨论并制订出合理的处理方案。

（3）任务实施时，指导老师应指导学生学会收集必要的信息来帮助任务的完成，必要时给予理论知识的讲解。

（4）模拟训练时，应注意强调热情、准确、高效地完成任务，正确完成处理流程。

（5）观摩的同学应讨论模拟过程中不符合要求的地方，提出改善意见。

任务小结

（1）客户投诉是客户对服务不满意，或认为自己的合法权益受到侵害而向企业、政府或第三方管理机构提起投诉以讨回公道的行为，是客户不满意的一种诉求性很强的表现形式。

（2）处理客户投诉的一般流程：接受投诉→认真倾听，判定是否成立→确认事实，找出真相→问题评估后，确定处理部门→提供解决方案→客户同意解决方案后应尽快处理，并注意收集客户的反馈意见→检讨结果，总结改进，做好记录

（3）处理客户投诉的技巧：

①表示歉意；

②安抚客户；

③换位思考；

④换时、换地、换人；

⑤转移话题。

项目七　客户关系维护

任务描述

　　进行跟踪服务,一方面可以掌握汽车维修服务企业在维修服务作业中存在的不足,另一方面又可以更好地了解客户的期望和需求,接受客户和社会的监督,提高客户的满意度。

　　做好跟踪服务,可以在第一时间了解客户对服务的评价,及时处理客户抱怨,通过客户对员工的评价可以了解员工的工作状态。通过有效地利用跟踪服务的结果,可以进行内部改善,提高客户满意度,降低客户流失率,提升客户忠诚度。同时知道客户抱怨的原因,做好流失客户的招揽工作。

　　李先生的车辆维修完毕后满意而归,汽车售后维修服务顾问李想在三天内给李先生做跟踪回访,李先生对服务很满意,但反映最近发现自己的车有漏油现象。李想应该怎样做呢?

学习目标

(1)能够描述跟踪回访的意义。
(2)能够执行跟踪回访的流程。
(3)能够运用跟踪回访的技巧。
建议学时:6 学时。

知识准备

一、跟踪回访的重要性

跟踪回访的目的是建立与已购车客户之间的联系。为了加强和维护与客户之间的关系,服务人员要有计划地通过电话、信件与客户保持联系,将联系工作规范化。同时,每次售后跟踪,服务人员都要将新的客户信息填入客户信息卡,并及时更新。客户信息卡是经销企业的资产,企业应设定相应的归档及转接手续,以保持长期的客户满意度。

汽车售后维修服务顾问在客户跟踪回访环节的主要职责

二、企业开展跟踪回访服务的内容

售后服务跟踪管理工作由业务部主管制订专门业务人员——跟踪业务员负责完成。跟踪业务员应在客户车辆送修进店手续办完或者客户到店访谈咨询完业务后的两日内建立相应的客户档案。跟踪管理的具体内容如下。

(1)跟踪业务员在建立客户档案的同时要研究客户的潜在需求,有针对性地拟订下一次服务的通话内容和通信时间。

(2)跟踪业务员在客户接车出店或业务访谈、咨询后三天至一周内,应主动电话联系客户,提供第一次售后跟踪服务,并就客户感兴趣的话题与之交流。电话交谈时,跟踪业务员要主动询问曾到本店维修的客户车辆使用情况,并征求客户对本店的服务意见,以示对客户的真诚关心与在服务上追求尽善尽美的态度。

跟踪业务员要对与客户谈话的要点做好记录,特别是对客户的要求、希望或投诉,一定要记录清楚,并及时予以处理。能当面或当时答复的应尽量答复;不能当面或者当时答复的,通话结束后要尽快加以研究,找出解决办法;仍不能解决的,要在两日内报告业务主管,请示解决办法,并在得到解决办法的当日告知客户,给客户一个满意的答复。

(3)在维修后第一次跟踪服务的一周后的七天以内,跟踪业务员应对客户进行第二次跟踪服务。电话内容仍要以客户感兴趣的话题为主,但要避免内容重复,要有针对性,仍要体现对客户的真诚关心。

(4)在店内决定开展客户联谊活动、优惠服务活动、免费服务活动时,跟踪业务员应提前两周以电话方式告知客户,并于两日内视情况需要把通知信函给客户寄出。

(5)每一次跟踪服务电话,包括客户打入的咨询电话或投诉电话,经办业务员都要做好电话记录,并将电话记录存入档案,将电话登记表归档保存。

(6)每次发出的跟踪服务信函,包括通知、邀请函、答复函都要登记如表,并归档保存。

三、跟踪回访服务流程与实施规范

1.跟踪回访服务流程

服务接待跟踪回访流程如图7-1所示。

拟订沟通客户名单，熟悉客户资料

↓

利用电话或电子邮件等方式进行回访

↓

了解客户车辆使用情况，探求客户疑问

↓

权限或认知范围内能否解决 —— 能 →提供服务咨询，解答客户疑问，对客户表示感谢

否↓ ↓

对客户反映的问题如实记录，按照信息反馈流程将有关的信息资料反馈给相关人员 ｜ 如实填写服务跟踪登记表

↓

填写回访记录表，如有投诉事件则填写客户投诉处理报告表

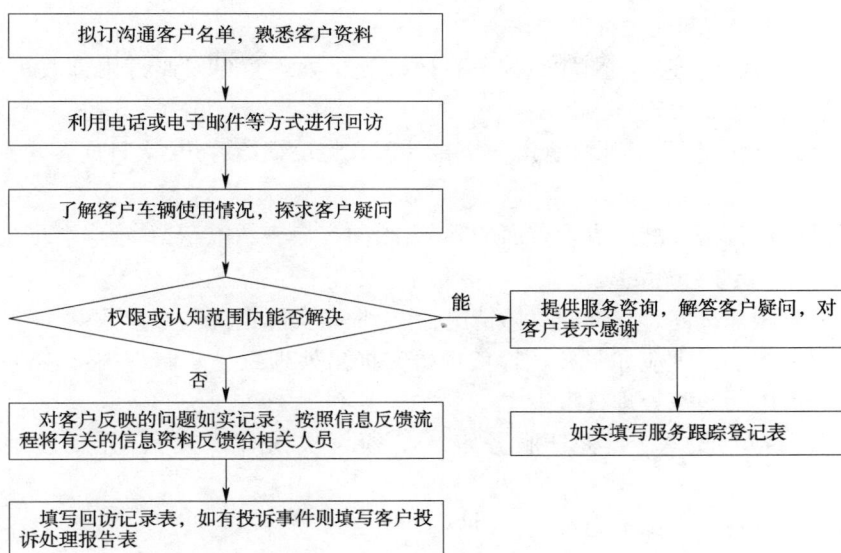

图 7-1　服务接待跟踪回访流程示意图

2. 跟踪回访服务实施规范

（1）及时电话跟踪。

车辆维修后，质量跟踪员必须在客户取车后 3 个工作日内对维修质量和服务质量进行电话跟踪回访，开展满意度调查，并记录于售后电话跟踪表中。其具体操作方法下：

①于交车日起 3 日内，给客户打电话询问车辆情况。

②打电话时，要向客户表示感谢。

③询问维修后车辆的使用情况。

④询问对于服务质量是否满意。

⑤听取客户感想，询问有无其他意见。

⑥对于深感不满的客户，必须耐心听取具体原因，电话跟踪及时向服务经理反映真实情况，共同改善对策。

⑦跟踪回访电话结束时，向客户致谢"感谢您接收我们的跟踪访问，再见！"

（2）及时处理。

每天应将当天存在质量问题的电话跟踪导出到售后电话跟踪处理日报表中，并提交给客户服务经理。

（3）存在维修质量问题的处理方法要得当。

①应该向客户致歉，安抚客户的情绪，并承诺尽快将处理意见反馈给客户。

②客户服务中心经理应和车间主管负责研究提出处理意见及制订内部改进方案，并详细记录于维修后电话跟踪处理日报表中。

③服务跟踪必须在次日再次致歉客户，并向客户反馈处理意见。

④如果客户对处理意见不满意，应再次讨论处理意见直至客户满意为止。

⑤对于发生维修质量问题的客户，应在返修后，再次进行维修后电话跟踪服务。

（4）存在配件方面问题的处理方法。

①客户服务中心经理应和配件经理负责研究提出处理意见及制订内部改进方案,并详细录于维修后电话跟踪处理日报表中。

②如果是配件质量存在问题,承诺尽快将处理意见反馈给客户,次日向客户致歉并向客户反馈处理意见。

③如果是配件价格或配件供货方面的问题,须向客户表示歉意,并承诺会尽快处理。

（5）存在服务质量问题的处理。

①服务质量跟踪员向客户询问具体情况,并应根据实际情况向客户致歉。

②客户服务中心经理应和服务经理负责研究提出处理意见及制订内部改进措施,并详细记录于维修后电话跟踪处理日报表中。

③对于重大抱怨的客户,次日服务跟踪员须再次向客户致歉,并反馈处理意见给客户。

④在客户档案备注中标记为重点客户。

（6）定期维护提醒。

在进行电话跟踪服务时,应进行定期维护提醒并提示客户可享受的预约服务。如果维修服务中心近期有什么维修服务方面的优惠活动,应提示或推荐给客户。

（7）维修后电话跟踪质量周报。

客户服务中心经理应每周向总经理提供维修后电话跟踪质量周报,此报告对有质量问题的跟踪服务进行汇总。

（8）上门拜访。

定期由维修服务中心客户服务经理带队,选择一定比例的客户进行上门拜访,并详细记录,总结经验,反馈给总经理。

跟踪回访案例

操作指引

1.组织方式

（1）将 6～8 名学生分为一组,并推选一位组长。

（2）以本学习任务中的任务描述情景故事为背景,设计跟踪回访的情景。

（3）设计完成后,在汽车售后服务接待仿真实训室内,从每组中抽选 2～3 名学生进行跟踪回访过程的角色扮演。

（4）演练完成后,先由组内其他同学提出看法及建议,再由其他组别观摩的同学提出看法及建议,最后由老师总结评价。

2.操作要求

（1）每组演练及点评时间总共不超过 15min。

（2）情景演练需要整车一台、各类表格及服务接待仿真操作系统。

（3）注意车身漆面的保护。

（4）自觉遵守安全操作及 5S 的工作要求。

任务实施

（1）根据任务描述，模拟服务顾问进行跟踪回访，要求处理过程中能够有效地分析客户心理，运用正确的方法使客户满意。二人为一组，任务考核工单见表7-1。

任务考核工单　　　　　　　　　　　　　表7-1

任务编号：	任务名称:跟踪回访			成绩	
				学时	
姓名		学号	班级	组别	
能力目标	1.能够运用正确的电话礼仪； 2.能够准确询问客户的车辆使用情况,有异议能及时处理； 3.能够体现客户关怀、实现客户满意				
设备、工具准备	展示车辆、相关服务单据、车辆五件套、接待台及模拟服务系统、茶饮				
考核指标	任务标准			完成情况	
				完成	有待改善
	礼仪规范				
	服饰整洁、精神饱满				
	微笑、自然、语气亲切				
	主动、迅速、仪态稳重				
	用语礼貌、语速适中				
	沟通技巧				
	耐心倾听				
	提问及接待时机准确				
	有书面记录,且总结归纳客户提问				
	自我介绍				
	工作流程				
	查询系统中的客户维修信息				
	主动致电客户,有针对性的询问车辆维修后使用情况及满意度调查				
	对问题进行归纳与跟进				
	对于有异议的客户使用抱怨、投诉、重大投诉的处理方法				
	与客户协商解决问题				
	改进行动				
考核结果	礼仪规范	5	4	3	2	1
	沟通技巧	5	4	3	2	1
	工作流程	5	4	3	2	1

（2）任务下达时，要求学生能正确分析客户需求信息，讨论并制订出合理的处理方案。

（3）任务实施时，指导老师应指导学生学会收集必要的信息来帮助任务的完成，必要时给予理论知识的讲解。

（4）模拟训练时，应注意强调热情、准确、高效地完成任务，正确完成处理流程。

（5）观摩的同学应讨论模拟过程中不符合要求的地方，提出改善意见。

任务小结

服务跟踪是企业获得信息反馈、培养客户忠诚的重要任务。服务顾问要在质量监督专员之前主动给客户打电话，询问汽车维修完成之后的使用情况，以确保客户满意使用车辆，使客户满意度保持较高水平。在服务跟踪过程中出现的客户异议，要及时正确处理，给客户满意的答复，提高客户忠诚度。

参 考 文 献

[1] 段忠礼.汽车服务接待实用教程[M].北京:机械工业出版社,2012.
[2] 车丽丽.汽车维修业务接待[M].天津:天津科学技术出版社,2014.
[3] 戚叔林.汽车维修服务[M].北京:人民交通出版社,2010.
[4] 陈永革.汽车维修接待实务[M].北京:北京出版社,2014.
[5] 韦峰.客户沟通技巧与投诉处理[M].2版.北京:人民交通出版社股份有限公司,2017.
[6] 刘韵.汽车服务顾问实战[M].上海:同济大学出版社,2013.